Ingrandimenti

Christian Cappello

ANDARE AVANTI

In cammino per ridare un senso alla vita

MONDADORI

librimondadori.it
anobii.com

Andare avanti
di Christian Cappello
Collezione Ingrandimenti

ISBN 978-88-04-68356-8

I edizione settembre 2017

Andare avanti

1

Dal lucernario posto al centro del tetto il sole d'agosto illuminava i frammenti di polvere, legno e lana di roccia che fluttuavano nell'aria. L'alta concentrazione del pulviscolo, che si librava leggero, definiva il confine tra luce e ombra e mi teneva compagnia durante i lunghi weekend di lavoro.

Indossai velocemente la tuta che mi proteggeva dalla lana di roccia che maneggiavo da mesi, feci un salto in garage a prendere l'ultimo rotolo e ritornai alla scala a pioli che mi permetteva di salire al piano di sopra. Come sempre, sotto il mio peso, scricchiolò. Mi ero arrampicato così tante volte lì sopra che ormai quel rumore mi era diventato familiare: lo consideravo uno speciale benvenuto in soffitta.

Con la mano sinistra mi sorreggevo ai pioli, mentre con la destra trascinavo il pesante sacco su per la ripida scala. Arrivato all'ultimo gradino gettai la lana di roccia sopra il soppalco con un movimento circolare del braccio ormai collaudato e l'impatto del rotolo sul legno del pavimento sollevò una nuvola di polvere che mi fece starnutire.

Infilai i guanti e abbassai sul naso la mascherina che portavo tra i miei capelli già imbiancati di polvere. Mi misi al lavoro. Con il taglierino incisi gli ultimi dodici pezzi di isolante e li spinsi delicatamente nell'intercapedine che avevo creato tra le tavelle che sostengono le tegole e le belle travi che avrebbero caratterizzato gli alti soffitti della casa.

Con quel gesto avevo portato a termine l'isolamento e il rinnovo dei centododici metri quadri di tetto. Era stato un lavoro durissimo, durato quasi un anno, fatto di sudore e prurito causato da quella maledetta lana di roccia: non sono mai riuscito a spiegarmi come riuscisse a oltrepassare tuta e guanti.

Quando osservai il lavoro compiuto, però, non sentii più la fatica dei tanti mesi passati lassù, provavo soltanto pura soddisfazione. Ce l'avevo fatta.

Incurante della polvere mi stesi a terra e passai un paio d'ore a osservare tutto ciò che avevo creato con le mie mani. Più i miei occhi ispezionavano ogni piccolo particolare di quel tetto, più il mio cuore si riempiva di felicità.

Marta e io avevamo comprato quella vecchia casa malandata per via della sua posizione centrale e per le sue potenzialità: la ristrutturazione l'avrebbe resa bellissima, proprio come la volevamo. Sì, certo, c'erano ancora molte cose da fare, ma eravamo a buon punto.

Mentre mi godevo quel momento speciale, si aprì la porta d'ingresso e in un bagno di luce, luminosa come sempre, entrò Marta.

«Ciao Christian» mi disse, «ti ho portato una birra ghiacciata e un po' di vitello tonnato. Vieni giù?»

«Arrivo, amore» risposi.

Scesi rapidamente dalla scala, mi tolsi guanti, mascherina, tuta e la strinsi forte tra le mie braccia.

Il sole stava tramontando. Nell'angolo di quella che sarebbe diventata la nostra cucina c'era un vecchio tavolino impolverato che usavo per posare gli attrezzi da lavoro. Spostai da lì l'avvitatore, la scatoletta delle viti e il potente trapano demolitore che mi aveva rotto le braccia per quasi un anno. Ecco, ora era libero. Recuperai l'aspirapolvere industriale, anch'esso ricoperto di polvere, infilai la spina nella presa e avviai il motorino d'aspirazione.

Afferrai il lungo tubo nero e lo passai tra le assi del tavolo bucherellate dai tarli, aspirando ogni granello di polvere. Il tavolo tornò al suo colore originale.

Marta estrasse dalla sua borsa a fiorellini rossi una tovaglia bianca a righe blu e, lanciandola in aria, la fece planare dolcemente sul tavolo. Poi tirò fuori due tovaglioli di carta, sopra i quali dispose con meticolosa attenzione coltelli e forchette, posò con una geometria perfetta i piatti e li riempì con il vitello tonnato.

Avevo una fame mostruosa, e Marta lo sapeva: razione doppia per me.

Ci sedemmo su un paio di vecchie sedie. Mi versai un bicchiere di birra, lo bevvi tutto d'un fiato e, alzando le braccia al cielo, fiero come un condottiero al termine di una battaglia, annunciai, guardando con ammirazione il soffitto: «Ho una bellissima notizia da darti: ho finito. Ci sono voluti quasi undici mesi, ma credo che ne sia valsa la pena. Ti piace?».

Marta non mi dava mai troppa soddisfazione: era convinta che si potesse sempre fare meglio. Del resto, anch'io la pensavo come lei. In quell'occasione, però, mi stupì.

Alzò i suoi occhioni azzurri verso il tetto. «Amore» disse, «hai fatto un lavoro impeccabile, bravo! Non ho mai messo in dubbio la tua abilità manuale, ma questa volta ti sei superato!»

Per un attimo rimasi sorpreso dall'inaspettato complimento e non riuscii a togliermi dalla faccia una specie di stupido sorriso. Riuscii soltanto ad alzarmi dalla sedia e, protraendomi verso di lei, a baciarla.

«Christian, ho anch'io una bella notizia» disse lei, e non aggiunse altro. Era molto brava a creare suspense.

«Me la dici?» le sussurrai dolcemente.

Esitò un altro attimo e, guardandomi dritto negli occhi, con una dolcezza che solo una madre può avere, annunciò: «Aspettiamo un bambino!».

Provai immediatamente una strana sensazione di beatitudine, mi sembrò di vivere un sogno.

«Io diventerò papà?» riuscii a dire, con la voce spezzata dall'emozione.

«Sì, amore, tra un po' lo sarai.»

Incredulo, feci il giro del tavolo, inciampando goffamente in un cavo, e l'abbracciai così forte che lei, in tono scherzoso, mi avvertì: «Christian, mi fai male!».

Mi inginocchiai davanti a lei e con un orecchio appoggiato al suo pancino sussurrai al nuovo arrivato: «Ciao, sono il tuo papino, e ti voglio tanto bene. Benvenuto sulla Terra!».

Avevo appena ricevuto la più bella notizia di sempre. Un brivido mi salì dalla schiena e raggiunse le spalle, finché non si trasformò in lacrime di gioia.

«Che fai?» disse. «Piangi per la disperazione?»

«Sì, amore, sono disperatamente innamorato di te. I love you.»

Fu proprio in quel momento che tutte le mie priorità cambiarono radicalmente: sarebbe cominciato il più bel capitolo della mia vita.

Chiesi a Marta di seguirmi e incominciai a spostarmi spedito di stanza in stanza, indicando vari punti del cantiere. «Dobbiamo finire al più presto la casa! Dobbiamo ordinare subito la cucina, posare il pavimento, imbiancare le pareti, andare all'Ikea, commissionare la pavimentazione esterna, piastrellare il bagno, ordinare la doccia e...»

Lei mi interruppe subito con il suo bel sorriso rassicurante: «Una cosa alla volta, amore. Non ti preoccupare, ce la faremo!».

I denti di Marta erano così bianchi che mi sembrarono delle perle perfettamente allineate appartenenti a un gioiello di inestimabile valore.

Amavo quel sorriso che mi dava forza e mi sosteneva sempre, nei momenti di gioia e in quelli di difficoltà; quel sorriso riusciva a cancellare ogni mio pensiero negativo, e per me era magico e indispensabile. Spesso mi trovavo a pensare a come avrei fatto a vivere senza la sua incredibile positività.

Nei giorni successivi scrissi una lunghissima lista delle nostre priorità e iniziai a seguirla scrupolosamente, passo dopo passo, senza tralasciare nulla. Ogni volta che cancellavo una riga vedevo la fine dei lavori avvicinarsi, il nostro progetto concretizzarsi.

In quel periodo, oltre a gestire i contatti e i materiali di sponsorizzazione di un'importante azienda della zona, ero un consulente per la realizzazione di strategie marketing relative a social media e siti web. Tenevo corsi in diverse aziende per usare al meglio la fotografia, applicandola a Instagram, e grazie ai numerosi follower dei miei account social media e al grande pubblico di blogdiviaggi giravo il mondo per far scoprire, con i miei racconti, bellezze più o meno conosciute del meraviglioso pianeta in cui viviamo.

Nonostante il mio lavoro mi piacesse, lo sentivo un po' d'impiccio, mi sembrava di sottrarre tempo alla realizzazione dei nostri sogni. In ogni caso avevo troppe cose da fare in casa e mi servivano molti soldi, era indispensabile fatturare il più possibile. Cercavo comunque di non trascurare mai la mia lista: tra un meeting e l'altro chiamavo gli artigiani, fissavo appuntamenti e chiedevo preventivi, e ognuno di questi passaggi era mirato a portare a compimento i lavori spendendo il meno possibile.

Acquistai dei listoni in legno e, con l'aiuto di Marta, li installai alla perfezione, creando così il meraviglioso pavimento flottante della casa. Non avevamo mai svolto un lavoro del genere prima: per installarli avevamo cercato dei tutorial su YouTube che purtroppo non ci avevano aiutato molto, ma alla fine eravamo riusciti a capire il meccanismo di incastro e a risparmiare così i duemila euro che ci aveva richiesto un artigiano. In cinque giorni avevamo realizzato il nuovo pavimento.

In una settimana scavai in giardino circa novanta metri lineari di fossato della profondità di settanta centimetri per far passare i tubi di gas e acqua, risparmiando altri milleottocento euro. Imbiancai tutta la casa risparmiandone altri duemila. Andai personalmente a comprare le mattonelle, la doccia, i sanitari, varie colle e siliconi, e passai pomeriggi interi con il fiato sul collo dei piastrellisti, che pagavamo a ore.

Di sera, mentre io lavoravo alla casa, lei si sedeva sul nuovo divano nero a forma di elle e gestiva l'intricato mondo del blogging: rispondeva alle mail, dava consigli spassionati agli utenti, organizzava viaggi stampa. Nelle brevissime pause che ci concedevamo discutevamo del nome da dare al nostro primogenito. Chissà perché ero sicuro che sarebbe stata una femmina. Quanti nomi, quanta emozione, quante risate.

Alla fine decidemmo di chiamarla Sydney, un nome esotico che ci piaceva davvero tanto. Marta ogni tanto mi chiedeva: «E se fosse un maschio?». Allora io le rispondevo sistematicamente: «Impossibile, sono sicuro che è femmina, non mi sbaglio!».

«Ok» mi diceva. «Se lo dici tu...»

Giunse finalmente il giorno dell'ecografia che avrebbe rivelato il sesso del bambino. Entrammo in ospedale mano nella mano pieni di curiosità ed energia. Ricordo il passo deciso di Marta scandito dal ticchettio delle sue scarpe che riecheggiava lungo il corridoio. Ci sedemmo di fianco a un gruppo di future mamme che, come noi, aspettavano il proprio turno. Nell'attesa, per rompere la tensione, ci divertimmo a commentare gli arredi così freddi dell'ospedale.

Ci chiamarono dopo una mezz'oretta. Entrammo in una stanza piena di macchinari; alle pareti erano state affisse delle foto di ecografie in 3D, dove i bimbi, all'interno del grembo materno, apparivano molto chiaramente. Ero davvero curioso di vedere per la prima volta il mio bambino.

Non appena Marta si sdraiò sul lettino, il ginecologo le scoprì la pancia, le spalmò del gel e posò la sonda. Si spensero le luci, come al cinema: stava per iniziare il grandioso spettacolo della vita. Ci vollero solo pochi secondi per sentire per la prima volta il cuore di mio figlio, che, come il mio, batteva fortissimo. Sullo schermo vidi le sue minuscole gambe che già scalciavano e la sua piccola testa adagiata all'utero materno. Non riuscivo a credere che quello fosse davvero mio figlio, mi commossi.

Passarono pochi minuti, durante i quali la sonda si mosse a destra e a sinistra sulla pancia di Marta. A un tratto il ginecologo si fermò e, con un sorriso, disse convinto: «È un maschietto, e da come scalcia e si muove sembrerebbe essere un piccolo terremoto!».

Marta sorrise e mi guardò. «Visto? Mi dicevi sempre: "Sono sicuro che sarà una femmina". E ora come lo chiamiamo?»

Scoppiai in una fragorosa risata, che contagiò anche il ginecologo. «Ci penseremo» la rassicurai.

Marta inclinò la testa da un lato e, toccandosi la pancia, mi sussurrò, guardandomi con i suoi dolci occhioni: «Che ne dici di Leonardo?».

Da quel momento i mesi sembrarono passare molto più rapidamente e il 14 dicembre tutti i lavori della casa furono terminati.

I giorni successivi li passammo a riposare seduti sul nostro comodo divano, cercando di immaginare come sarebbe stata la nostra nuova vita con il bimbo. Parlavamo anche di come sistemare il giardino, e comprammo online un lettino e dei minuscoli vestitini. Ricordo che in quei giorni rimasi delle ore con la mano appoggiata al suo pancione in attesa di sentire Leonardo che si muoveva. Era tutto fantastico, non ero mai stato così felice.

Arrivò il Natale e, come ogni anno, sotto il nostro albero non c'erano regali: non ci piaceva il superfluo e odiavamo il consumismo. Preferivamo aiutare chi ne aveva più bisogno, era una cosa che ci dava gioia.

Quando ci alzammo dal letto, baciati dalla timida luce che entrava dalla tapparella quasi del tutto abbassata, ci scambiammo gli auguri e, passandole il telefonino, le dissi: «Marta, ti ho mandato il mio regalo».

«Guarda anche sul tuo» fece lei. «Anch'io ti ho mandato il mio!»

Erano i messaggi di avvenuta donazione alle onlus che sostenevamo regolarmente; quell'anno, però, per pura coincidenza avevamo sostenuto entrambi la ricerca sulla fibrosi cistica.

Mi guardò stupita e disse: «Non ti sembra un segno?».

Come di consuetudine passammo il pranzo di Natale dalla numerosa famiglia di Marta, dove sorrisi e buon umore non mancavano mai. Mi è sempre piaciuto trascorrere del tempo con loro, erano la mia seconda famiglia.

Nel pomeriggio ci mettemmo a giocare per terra con Tommaso, il suo piccolo nipotino. A un certo punto Marta mi prese la mano e mi confessò: «Non c'è nulla che mi fa più felice che aiutare il prossimo, Christian. Credo che sia doveroso far qualcosa in più per sostenere chi ha bisogno. Mi sta girando nella testa un'idea: un viaggio itinerante in Italia per raccogliere fondi per la ricerca sulle malattie rare. Sarebbe anche un modo per farle conoscere alla gente». La sua mano mi trasmetteva un'incredibile energia, i suoi occhi erano colmi d'amore, l'amore per il prossimo.

«Credo che dovremmo cominciare con la fibrosi cistica» le proposi io. «Abbiamo ricevuto un segno, stamattina.» Le presi l'altra mano: «L'anno prossimo gireremo l'Italia portando con noi anche il piccolo Leonardo!».

Nel frattempo il pancione di Marta sembrava lievitare a vista d'occhio.

Il 29 dicembre stavamo facendo colazione in cucina quando mi accorsi che stranamente Marta era molto pallida. Un po' preoccupato le chiesi se fosse tutto ok. Aveva mal di testa, non si sentiva bene. Lì per lì pensai che non fosse nulla di grave e la rassicurai invitandola a riposarsi. Accettò il mio consiglio e tornò a letto.

Indossai una camicia bianca, mi infilai i pantaloni neri appena stirati, le mie scarpe lucide e mi diressi in ufficio.

Alle nove Marta mi scrisse un messaggio su WhatsApp: "Amore, ho un po' di febbre, non riesco a rispondere alle mail di blogdiviaggi". Amava così tanto lavorare al nostro blog che si sentiva in dovere di avvertirmi e scusarsi se non riusciva a occuparsene.

"Non importa" le risposi. "Tra un paio d'ore sono a casa e andiamo dal dottore per vedere che succede. I love you."

Davanti al computer, in ufficio, non riuscivo a pensare ad altro che a lei. La mia preoccupazione aumentava, ma continuavo a ripetermi che ero il solito: mi facevo sempre mille paranoie per nulla. "Qualche linea di febbre non è nulla di grave" mi ripetevo.

Verso le dieci ricevetti una chiamata da mia sorella Laura: «Chris, sono in ospedale, Marta non sta bene, devi venire subito qui».

«Che succede?» chiesi.

«Non posso dirti nulla, devi venire subito qui» disse Laura.

«Dimmelo» la supplicai.

«Non posso» mi ripeté lei. «Ti passo il medico.»

«Buongiorno, sono la dottoressa Martello. La prego di venire subito qui, non posso aggiungere altro. La aspettiamo.»

Le mie gambe cedettero e mi sentii inchiodato alla sedia. Le mani iniziarono a tremare vistosamente e sentivo delle gocce di sudore gelato scendermi lungo il corpo.

Respirai profondamente e mi ripetei che non era nulla, anche se sapevo che non era così: dentro di me ero consapevole che qualcosa di grave era successo.

Salii in auto, e la testa mi girava così tanto che mi vennero dei conati di vomito. Non potevo fermarmi, però: dovevo correre in ospedale.

Quel giorno il cielo era grigio e scendeva una pioggerellina leggera. Percorrevo le strade senza badare ai limiti di velocità e, mentre il mio stomaco si contorceva, pensavo al peggio. Non c'era tempo da perdere, dovevo arrivare il prima possibile.

Quando giunsi all'ospedale San Bassiano parcheggiai e mi precipitai di corsa verso gli ascensori. Fu il viaggio più lungo della mia vita. Quattro piani, un'eternità.

Suonai il campanello del reparto di ostetricia e ginecologia e chiesi dove si trovasse Marta. Mi indicarono una stanza. Laura mi attendeva fuori dalla porta. Aveva gli occhi rossi e il viso sfigurato dal pianto.

«Laura» dissi. «Che succede?»

«Entra in questa stanza, subito!» mi rispose.

Marta era seduta sul letto, sostenuta da due cuscini posti dietro la schiena. Alla sua destra, la dottoressa la guardava con una subdola espressione, che potrei definire di finto dispiacere.

«Che succede amore?»

«Leonardo non c'è più» mi disse scoppiando in un pianto disperato. Le lacrime scorrevano sul suo viso e cadevano sul maglioncino rosa che a lei piaceva tanto. Le sue mani erano appoggiate al pancione, che massaggiava con amore.

Mi sentii morire, ma in quel momento dovevo essere forte.

Le scostai i capelli dal viso e la abbracciai. La mia guancia, a contatto con la sua, si inumidì di lacrime. Le sussurrai di non preoccuparsi: insieme ne avevamo passate tante, avevamo vissuto per dieci anni a Londra, dove non erano mancati momenti difficili, ma insieme, come sempre, ce l'avremmo fatta.

«Christian» mi disse. «Mi raccomando, non dire nulla al mio papi, se no si preoccupa.»

Lei teneva moltissimo al suo papà, e non voleva farlo star male. Già era molto in ansia per sua madre, che non stava bene, e Marta non voleva assolutamente dargli altre preoccupazioni.

"Come posso non dirgli nulla" pensai tra me e me, ma annuii e rimasi in silenzio.

Chiesi alla dottoressa che cosa era successo a Leonardo, ma lei si limitò a dire che il suo battito cardiaco si era spento e che le acque di Marta si erano rotte.

«Sì, ma perché?» chiesi, ma non ricevetti alcuna risposta.

Dopo pochi minuti entrò in stanza il primario del reparto. Misurò la febbre a Marta. Era alta. La attaccarono alla flebo.

Il feto deceduto doveva essere partorito in maniera naturale. Era la cosa migliore, disse il dottore.

Vidi gli occhioni di Marta che, confusi, scrutavano la stanza e a un certo punto si soffermarono su di me. In diciassette anni non l'avevo mai vista in quello stato, era distrutta dal dolore.

Raccolsi le mie energie e cercai con tutta la mia forza di non piangere. A fatica riuscii a ripeterle, con un filo di voce: «Non ti preoccupare, amore, andrà tutto bene».

Le somministrarono una sostanza per indurre il parto e poco dopo iniziarono le contrazioni.

Ogni cinque minuti la vedevo contorcersi dal dolore: urlava e poi si calmava, urlava e poi si calmava.

Mi diceva: «Christian, fammi aria, ti prego, mi manca il respiro».

Trovai un pezzo di cartone e iniziai a sventolarglielo sul viso. Andai avanti tanto a lungo che mi vennero i crampi al braccio. La sala di quel maledetto ospedale era gelida e i lamenti di Marta riecheggiavano tra le pareti e mi raggiungevano sotto forma di intenso dolore, che dalle orecchie si propagava fino alla punta dei piedi. Stavo per svenire.

Chiesi alle infermiere se era normale che Marta si sentisse così male, e tutte mi risposero: «Certo, sta partorendo!».

Le infilarono al dito il sensore per misurare battito e pressione, ma il macchinario non funzionava. Passò un'ora prima che lo sostituissero con un altro. Aveva la pressione davvero bassa, ma sembrava che nessuno ci badasse più di tanto.

Chiesi al primario come mai Marta avesse la febbre e se ci fossero problemi particolari, ma venni rassicurato. «Non si preoccupi, presto sua moglie starà bene.»

Anche se non eravamo sposati non dissi nulla, non era una questione rilevante.

Il dottore si girò verso le infermiere e chiese di preparare una dose di adrenalina.

A ogni contrazione Marta stringeva la mia mano molto forte. Dopo un paio d'ore aveva smesso di piangere, non ne aveva più la forza.

Verso le cinque mi disse: «Ti prego, amore, chiama qualcuno, ho troppo male».

Chiamai nuovamente infermieri e dottori, ma tutti mi ripetevano che era normale, stava partorendo.

In quella stanza c'eravamo solo io e Antonella, la mamma di Marta. Nessuna infermiera monitorava la situazione. Le grida del mio amore si sentivano in tutto il reparto, ma nessuno ci faceva caso.

Dentro di me sentivo di dover dire urgentemente a Marta delle cose. Non riuscivo a spiegarmi il perché, ma lo dovevo fare. Mi avvicinai a lei e, continuando a tenerle la mano, le dissi: «Amore, ti amo tanto. Non ti preoccupare di niente, io sono e sarò sempre vicino a te, per sempre. Resteremo sempre vicini, come lo siamo sempre stati».

In quel preciso istante Marta lasciò la mia mano. Vidi i suoi occhi girarsi, la pupilla scomparve. Respirava a fatica, rantolava.

Chiamai nuovamente un'infermiera. Arrivò dopo due minuti e, scocciata, mi chiese: «Che c'è ancora?».

«Guardi» le urlai, «non mi risponde più!»

La osservò per un secondo e si precipitò sopra di lei. Iniziò a chiamarla e a darle degli schiaffetti: «Marta, Marta, apri gli occhi! Marta, Marta!». Per la concitazione, le caddero dalla tasca alcuni fogli e delle provette di vetro, che si ruppero. «Marta! Marta, sveglia! Marta, guardami!»

Suonò l'allarme e mi ordinò di uscire dalla stanza.

Mi sedetti incredulo su una sedia in corridoio.

I dottori correvano avanti e indietro nella stanza mentre la mamma di Marta pregava ad alta voce camminando per il corridoio. Andai più volte da lei per rassicurarla. Le dissi di non preoccuparsi, anche se io lo ero moltissimo.

Da quella sedia ghiacciata sentivo tutto ciò che i dottori dicevano: «Un'altra dose di adrenalina, subito!», «Ok, il cuore ha ripreso a battere».

Ogni tanto il *bip* del macchinario che misurava la frequenza cardiaca si trasformava in un suono lungo e costante.

«Libero...» dicevano allora i medici. Un attimo di silenzio e poi il *bip* riprendeva a intermittenza per alcuni minuti, per poi nuovamente fermarsi. Un'altra dose di adrenalina e per un po' riprendeva.

Quanto ho pregato perché quel suono si regolarizzasse. Mi sembrava di essere finito in un film drammatico, non riuscivo a credere che stesse succedendo proprio a noi, proprio a me.

Ero seduto con le mani tra i capelli, quando dalla stanza uscì un dottore. Lo fermai e gli chiesi cosa stesse succedendo. Senza nemmeno guardarmi negli occhi mi disse che stavano cercando di stabilizzarla, poi se ne andò di corsa.

Per ben due ore i dottori andarono avanti e indietro con analisi e medicine, ma il suo cuoricino si fermava continuamente.

Alle sette e mezzo sentii una frase: «Ormai basta».

Avevo capito. Dopo cinque minuti uscirono dalla stanza, tutti tranne Marta.

Sentii il primario dire ai dottori: «Chiamatemi il marito».

Quando fui nel suo ufficio, mi pregò di sedermi, ma non accettai. Lui non perse tempo e disse: «Mi dispiace, sua moglie non ce l'ha fatta».

Traumatizzato, scosso, incredulo e poco lucido chiesi: «Vuol dire che non la sentirò mai più ridere?».

«No» mi rispose.

Chiamarono anche Antonella. Quando si sedette e le diedero la notizia scoppiò in un pianto disperato. «Non piangere» cercai di tranquillizzarla, «Marta non vorrebbe vederti così.» La strinsi forte. «Forza, Antonella, forza.»

Chiesi subito di vedere Marta e, senza attendere risposta, aprii la porta della stanza dove si trovava il mio amore. Lei era lì, senza vita. Di fianco al letto, seduto su una sedia, un dottore piangeva.

Il corpo di Marta era coperto dal lenzuolo. Si intuiva la silhouette del suo seno e del pancione con all'interno il mio bambino, anche lui senza vita. Le scoprii il viso e guardai le sue labbra: anche da morta mi sorrideva.

Volevo guardarla negli occhi per l'ultima volta. Glieli aprii. Anche privi di vita erano comunque bellissimi. In fondo, però, non riuscivo più a vederle l'anima.

Qualche minuto dopo arrivarono Giampiero, il papà di Marta, e la sorella Francesca. Mi salutarono ed entrarono nella stanza. Giampiero girò attorno al letto e sfiorò i piedini di Marta, coperti dal lenzuolo; una delle carezze d'amore più dolci che io abbia mai visto.

Giampiero si sentì mancare e si stese su una barella. Non parlava, il suo sguardo era assente. I dottori, preoccupati, gli misurarono la pressione. Era altissima e furono costretti a sedarlo. Temevano che stesse per avere un infarto.

Abbassai nuovamente il lenzuolo che copriva il volto di Marta e, per l'ultima volta, le diedi un bacio sulla guancia. Era fredda. La sua anima era già volata in paradiso e ora ci stava guardando dall'alto dei cieli, magari con il mio piccolo Leonardo tra le braccia.

2

30 dicembre 2015. Quaranta ore senza di lei.

Il campanello suonò. Mi infilai le ciabatte e scesi velocemente le scale di casa che collegano l'ingresso al giardino. Aveva piovuto tutta la notte, i gradini erano bagnati. La postina mi attendeva al di là del cancello con una busta in mano: era un altro telegramma di condoglianze. Lessi velocemente le solite frasi che si dicono in questi momenti e lo posai sopra il mobile all'ingresso insieme a tutte le altre buste sparpagliate un po' ovunque. Lì sopra, tra un foglio e l'altro, intravidi le chiavi del garage: il mio piccolo rifugio, dove, tra morse e chiavi inglesi, mi arrangiavo a costruire e a riparare un po' tutto. Impulsivamente afferrai quelle chiavi e le strinsi così forte da farmi male, scesi di nuovo le scale e aprii la porta del garage.

Mi fermai davanti al bancone da lavoro che avevo costruito usando i vecchi scuri di casa. Ogni utensile e ogni barattolo di vernice che vedevo evocava un bellissimo ricordo, attimi faticosi di una ristrutturazione che per me aveva avuto un grande valore: momenti di vita che, in un attimo, da presenti erano diventati passati.

Nell'angolo destro, coperta da un vecchio telo impolverato, c'era la mia mitica Vespa, che mi aveva accompagnato anche all'estero. Scoprendola come un prestigiatore durante uno spettacolo alzai una nuvola di polvere. Con uno straccio tolsi dal sellino alcune ragnatele e i ricordi mi assalirono.

La metropolitana londinese non mi piaceva. Era troppo caotica, poco adatta al mio modo di essere. Lì nella *tube* tutti correvano anche se non avevano fretta, e a me questa frenesia agitava parecchio. Avevo bisogno di sentire l'aria fresca e la libertà, non mi piaceva essere rinchiuso dentro un treno in un buco sottoterra. Per questo, pochi giorni dopo il mio arrivo in Inghilterra, mi ero fatto spedire dall'Italia la mia fedele Vespa Special. Con quello scooter d'altri tempi avevo girato Londra in lungo e in largo. Marta e io lo usavamo anche per recarci a fare compere, e che risate ci facevamo ogni sabato quando tornavamo dal supermercato, in due, stretti sul sellino, con le borse della spesa che impedivano i miei movimenti.

A Londra mi occupavo della gestione di siti web di alcune aziende che volevano aumentare le vendite dei prodotti che proponevano. Il mio compito era elaborare mirate strategie di marketing online per aiutarle nel loro scopo. Di sera, invece, studiavo web development e online marketing alla Open University.

Marta, a differenza mia, aveva cambiato un po' di lavori, ma sempre in campo turistico. Aveva iniziato organizzando pacchetti viaggi per "gruppi vacanza" ed era arrivata a gestire e vendere spazi pubblicitari di un grande e importante sito internet leader del settore.

Lavoravo vicino a Piccadilly Circus e Marta a pochi

chilometri da me. Ricordo quando andavo a prenderla in ufficio: passavo sopra il Tower Bridge, attraversavo Trafalgar Square e, con qualche scorciatoia tra le tipiche stradine londinesi, arrivavo da lei. Non facevo in tempo a togliermi il casco che la vedevo correre verso di me. Ogni volta mi abbracciava e mi baciava come se non ci vedessimo da anni. Ricordo, mentre ci stringevamo, l'energia del nostro amore. La immaginavo arrivare fino al cielo.

Pensando a lei e a questi bellissimi ricordi trascorsi la giornata sul divano, sdraiato nel suo punto preferito. Rimasi immobile a fissare il soffitto appena terminato. Erano passate solo quarantadue ore dalla sua morte.

Ho vissuto con Marta per circa quindici anni, dieci dei quali nella caotica Londra, dove insieme abbiamo costruito carriere e vite diverse da quelle che i nostri piccoli paesi di origine potevano offrirci. Tra mille emozioni e scoperte, lì ci sentivamo vivi e felici, non ci separavamo mai. Le ore di lavoro che giornalmente dividevano le nostre strade sembravano eterne. Per sentirci meno lontani ci scambiavamo decine di messaggi, a volte scrivendo il conto alla rovescia dei minuti che dovevamo attendere per vederci: "-300 minuti e ci vediamo, amore", "Solo 120 minuti, *darling*".

Lì, steso su quel divano, fissavo la porta di casa sognando di vedere Marta rientrare, speravo di sentire i suoi inconfondibili passi salire le scale. Spesso guardavo il telefono nell'illusione di poter ricevere ancora suoi messaggi, o attendevo una risposta ai miei WhatsApp: "Cinquanta ore senza di te, amore, fatti sentire!".

Nei giorni successivi alla sua morte un rigagnolo di

lacrime scendeva costantemente sulle mie guance per poi cadere sulla mia maglietta umidiccia. Provavo sempre un forte dolore al petto, dentro il cuore. La mia testa a volte cercava di consolarlo, ma non ci riusciva. Era un caso disperato.

Quarantasei ore senza dormire.

Ricordo il preciso istante nel quale maturai una delle più brutte idee della mia vita: stavo osservando le travi del soffitto, e pensai che avrebbero sicuramente retto il mio peso. Sarei potuto salire sul soppalco, avrei potuto passare una corda tra quelle travi mentre l'altra estremità l'avrei legata attorno al collo, e con un semplice salto, in un batter d'occhio, avrei raggiunto il mio amore. Al solo pensiero mi sentii finalmente meglio.

Per ispezionare le travi sopra al soppalco tornai nuovamente in garage a prendere la scala, quella stessa scala macchiata di color bianco panna con la quale solo pochi giorni prima avevo finito di imbiancare. La posizionai e salii qualche piolo. In quel momento una delle tante lacrime della giornata lasciò il mio viso e, cadendo a terra, attirò la mia attenzione. Scesi dalla scala, mi accovacciai e, posando gli avambracci a terra, mi avvicinai e la fissai. Sembrava risplendere di luce propria.

Rimasi lì in ginocchio per più di un'ora. La lacrima sul pavimento diventò presto una piccola pozza salata alimentata da altre mie lacrime. Ci fu un attimo nel quale mi sentii così stremato che non riuscii più a piangere, non ne avevo la forza. Proprio in quell'istante riacquistai lucidità, pensai a ciò che stavo per fare e mi resi conto che era una pazzia, un atto codardo, una sconfitta, una fuga. Alzai lo sguardo al cielo e, pentito, urlai a squarciagola, per farmi sentire nell'aldilà: «Scusami, amore! Scusami, non lo farò».

Mi stavo autodistruggendo. Dovevo muovermi, dovevo fare qualcosa.

Con la vista offuscata e gli occhi gonfi indossai la tuta da ginnastica che mi aveva regalato Marta, presi la borraccia blu in metallo da mezzo litro, aprii il rubinetto della cucina, la riempii d'acqua fresca e uscii di casa. Mi incamminai verso la Valsugana, a nord di Bassano del Grappa, lasciandomi alle spalle il caratteristico ponte di legno. Per qualche ora il lento scorrere del limpido fiume Brenta, con i suoi gorgoglii, fu la colonna sonora del mio peregrinare. Le sue gelide acque di dicembre, a contatto con l'aria fredda che spirava nella valle, creavano sulla superficie del fiume una mistica nebbiolina. L'atmosfera era così surreale che mi fece pensare a Caronte con la sua barca, e me lo immaginai apparire sulle rive del Brenta per darmi un passaggio verso l'Ade.

Le dolci colline che chiudevano la valle erano brulle e gli alberi spogli: la natura sembrava assopita, congelata, apparentemente priva di vita. Pensai che era un periodo molto duro sia per le piante che per gli animali, e mi paragonai a loro: avrei dovuto anch'io prepararmi a trascorrere il più freddo inverno della mia vita.

Mi fermai per un attimo sotto un bellissimo salice dal tronco ricurvo che formava una specie di panchina naturale. Le lunghe fronde dell'albero, lambendo l'acqua del fiume, ne increspavano la superficie. In quel preciso punto, sotto quel salice, Leonardo fu concepito.

A quel pensiero una rabbia incontrollabile si impossessò di me. Pensai di andare a casa e ritornare con una motosega. Avrei tanto voluto tagliare di netto il tronco di quell'albero. Volevo assaporare il momento in cui lo avrei visto scivolare via nella corrente, ma poi realizzai che il povero salice non aveva alcuna colpa. Pensai che la colpa di ciò che era successo a Marta era mia.

Mi rialzai e, mentre le gambe si facevano nuovamente carico del peso del mio corpo, sentii una strana energia che dallo stomaco si irradiava alle braccia e scendeva fino alle gambe. "Chissà da dove viene" pensai. Approfittai di quella sensazione e mi rimisi in marcia. Stavo camminando senza alcuna meta, ma perlomeno stavo seguendo una direzione: il nord.

La camminata, da lenta, si fece sempre più spedita, fino a trasformarsi in una corsa a perdifiato di circa dieci chilometri, che terminò solo quando sentii che stavo perdendo i sensi.

Avanzando verso nord notai che il panorama stava cambiando: le colline vicino a Bassano stavano cedendo il passo alle montagne, e rimasi estasiato per l'imponenza e la bellezza di quei picchi innevati. Quella corsetta mi aveva evidentemente fatto bene. Dopo tutto ciò che stavo passando riuscivo ancora a rendermi conto della bellezza che mi circondava, e questo mi fece sentire in colpa: non potevo sentirmi meglio, neppure per un attimo.

Non riuscivo a capire cosa diavolo stessi facendo, ma una cosa in me era certa: non volevo tornare a casa, sapevo solo che dovevo andare lontano. Quale miglior destinazione, quindi, se non la montagna più alta della zona, la cima del monte Grappa?

Bevvi l'ultimo sorso d'acqua gelida dalla borraccia, chiusi la cerniera del giubbotto e consultai le mappe sul telefonino alla ricerca del sentiero più breve. Presto avrei imparato che non sempre seguire il sentiero più breve, specialmente in montagna, è la scelta migliore.

La batteria del cellulare era già al 50 per cento, e non mi ero neppure preoccupato di ricaricarla. Seguii la mappa online fino a valle Santa Felicita, dove mi inerpicai per il sentiero che mi avrebbe condotto alla cima del monte. Scegliendo la strada più breve avevo tralasciato il fatto che era ovviamente la più impervia: le scorciatoie, in montagna, comportano solo salite più ripide. E quel sentiero era ripido al punto che a volte dovevo aggrapparmi con le mani a radici e sassi, e il fango era così scivoloso e appiccicaticcio che spesso perdevo aderenza. Una pioggerella, che pareva nebulizzata, bagnava i muschi e i licheni del sottobosco, mentre gli alti pini sembravano godersi il dissetante momento. Io, bagnato come un pulcino, ascoltavo sotto di loro quella natura che mi avrebbe accompagnato in uno dei viaggi più lunghi della mia vita, quella natura che ho sempre profondamente amato.

Per circa tre ore seguii il serpeggiante sentiero lungo il fianco del monte. A ogni tornante guardavo verso la valle, che si allontanava sempre più: ero orgoglioso della strada che avevo già percorso. Salendo di quota notai il preciso punto altimetrico dove la pioggia si trasformava in neve. "Zero gradi" pensai. "Da qui l'acqua passa dallo stato liquido a quello solido." Uno spettacolo naturale che sin da bambino consideravo magico.

Mentre con il telefonino quasi scarico consultavo la mappa della zona, mi resi conto che alla cima non mancava molto. Dopo poche decine di metri, infatti, i boschi si trasformarono in pascoli ricoperti di un manto bianco e soffice. Qui i sentieri erano sempre più ricoperti di neve e faceva davvero freddo. Di sicuro la temperatura dell'aria si era abbassata ancora di qualche grado.

Passo dopo passo, a volte trascinandomi, raggiunsi finalmente la vetta e proseguii verso il sacrario militare del Monte Grappa, situato a 1775 metri di altitudine.

Erano le quattro e mezzo di pomeriggio quando mi resi conto che il sole stava tramontando e che per tornare ci sarebbero volute altre quattro ore di cammino. Non ci avevo neppure pensato, la mia incoscienza aveva raggiunto il limite. Incurante del dopo, mi sedetti su una roccia coperta da uno strato di ghiaccio. Delle foglie vestite d'autunno vi erano rimaste intrappolate e sembravano esposte in una vetrina luccicante. A un tratto il cielo si aprì scacciando via le nuvole cariche di pioggia.

Mi fermai ad ammirare quel tramonto dalle mille sfumature, un pantone di colori che, dall'azzurro glaciale al blu notte, sfumava pian piano in un timido rosso. In quel momento mi emozionai. Poi il sipario si chiuse improvvisamente, si spensero le luci: era decisamente ora di muoversi.

Erano passate circa sessanta ore dall'ultima volta che avevo chiuso occhio, eppure non avevo sonno. Avevo solo molta sete, e l'acqua della borraccia era terminata. Decisi quindi di dissetarmi ingoiando un po' di neve, che non fece altro che congelarmi l'intero cavo orale. Nelle ultime ore non avevo mangiato nulla, ma non ci feci caso finché la testa non cominciò a girare e mi resi conto che anche le gambe iniziavano ad accusare la stanchezza.

Mi ci volle un'ora per ritrovare il sentiero del ritorno. Ero completamente immerso nell'oscurità, non avevo alcun punto di riferimento. Seguivo solo il GPS illuminando i miei passi con la luce del telefonino, che presto si scaricò definitivamente e si spense. Per un attimo pensai che nel buio sarebbe stato difficile proseguire, ma dopo qualche minuto i miei occhi si abituarono all'oscurità.

Era strano: non avevo paura di quei boschi, dell'oscurità, dei rumori che sentivo accanto a me; non avevo paura di trovarmi da solo e al freddo nel bel mezzo del nulla, neppure di sbagliar strada o di cadere nei precipizi che avevo ammirato all'andata. "Ma poi" pensai, "di che cosa posso aver mai paura? Di morire?" Per la prima volta sorrisi al pensiero che la mia vita sarebbe potuta finire da un momento all'altro: negli ultimi tempi avevo imparato a mie spese che non c'è mai nulla di certo nel domani; in pratica, sorrisi alla morte. In quegli attimi la sentii così vicina che mi sembrò quasi di vedere un confine facilmente scavalcabile: la vita da una parte, il mio amore dall'altra.

Scendendo di quota, la neve cedette spazio a un tappeto di foglie semicongelate molto scivolose, e mi accorsi che, rispetto all'andata, il ritmo della mia camminata era sceso drasticamente, anche se mi trovavo in discesa: i miei piedi erano congelati, così come le mani, e da un momento all'altro mi aspettavo che il naso si staccasse. Scendendo da quel sentiero scosceso cercavo di aggrapparmi un po' ovunque per non cadere, ma sfortunatamente, lungo una delle parti più ripide, misi un piede su un sasso che, sotto il mio peso, franò, facendomi rotolare a valle per una decina di metri. Mentre sbattevo la testa sulle rocce pensai che quello non era poi un brutto posto per morire. Riuscii a fermarmi e rimasi a terra per qualche minuto. Il freddo che provavo si stava trasformando in un piacevole tepore, e quei licheni sotto la mia testa sembravano persino comodi. Chiusi gli occhi e mi addormentai. Non so per quanto tempo rimasi sopito: forse pochi istanti, forse un paio di minuti. A un tratto, però, avvertii una forte scossa, che mi indusse a spalancare gli occhi. Sembrava di essere appena riemerso da una lunga apnea, era come se avessi trattenuto il respiro per alcuni minuti. Inspirai a pieni polmoni l'aria gelida e ansimai. Dopo qualche istante mi rimisi in piedi. In quel momento fui felice di essere ancora vivo.

Non so bene come, ma riuscii a tornare a casa. Ricordo solo gli ultimi gradini per raggiungere il primo piano. Fu un miracolo arrivare fino al divano, dove, vestito e bagnato, mi limitai a stendere sopra di me la copertina che Marta teneva sulle gambe quando lavorava al blog. Per la prima volta dopo settanta ore mi addormentai.

Il sogno di quella notte fu così scioccante che mi lasciò un vivido ricordo, come un tatuaggio sulla pelle. Mi trovavo in ospedale. Marta era stesa in un letto dalle alte sponde metalliche. La stanza dove si trovava era di un bianco quasi accecante e lei mi sorrideva – mi ha sempre sorriso. Le stavo bagnando la fronte con un panno umido quando un dottore mi chiese se poteva scambiare due parole con me in privato. Andammo nel suo ufficio. Lui si sedette su una poltrona girevole di pelle nera e, giocherellando con una penna, mi disse: "Ma lei lo sa che Marta sta morendo? Si è almeno reso conto che ha davvero pochi giorni di vita?".

Mi sentii mancare, e provai un fortissimo dolore al cuore, ma non fu quello a svegliarmi, fu lo sbattere della porta che il giorno prima, al ritorno dalla mia lunga camminata, avevo lasciato spalancata.

L'aria gelida mi accarezzava il viso mentre notavo che il pavimento in legno dell'ingresso era completamente imbrattato di fango e il divano, da nero, era diventato marrone.

Stropicciandomi gli occhi realizzai che mi ero appena svegliato e che Marta non stava morendo. Era tutto un sogno. Per un attimo provai una pura felicità, che però durò pochi decimi di secondo, fino a quando capii che uno dei peggiori incubi della mia vita era meglio della realtà che stavo vivendo.

Nei giorni successivi continuai a praticare molto sport: percorrevo a piedi sentieri molto lunghi, e spesso anche troppo impegnativi per il mio fisico ancora poco allenato. A volte al ritorno ero così stanco che non mi reggevo in piedi. Ogni tanto mi sedevo in riva al fiume e, scagliando dei sassi in acqua, pensavo a quanto mi sentissi solo.

I genitori di Marta furono davvero importanti per me. Li ammiravo molto, e a loro ho sempre voluto un gran bene. Il padre, Giampiero, è un uomo semplice nella sua complessità, un uomo che, a differenza di molti altri, riesce a dire sempre ciò che pensa: un cavaliere, un'anima buona e sensibile con un paio d'occhi "azzurro Marta". La madre, Antonella, mi ha insegnato a essere sempre positivo, ad avere sempre un sorriso sulle labbra: è, senza alcun dubbio, una tra le persone più buone che io abbia mai conosciuto.

Mi trasferii a casa loro per qualche giorno e cercai di stare il più possibile vicino a quei genitori straziati dalla perdita della figlia. Mi impegnavo molto per non piangere in loro presenza, mi inventavo battute stupide che non facevano ridere, cercavo di portarli fuori a camminare e provai persino a convincere Giampiero a frequentare con me la palestra. Una missione impossibile, dicevano tutti i familiari; eppure, incredibilmente, ci riuscii. Correvamo fianco a fianco su tapis roulant e cyclette, e ogni dieci minuti gli chiedevo come si sentisse, ma lui non mi rispondeva mai. Ricordo il giorno in cui, appena usciti dalla palestra, gli domandai se si sentiva meglio e se lo sport lo aiutasse. Lui mi rispose: «Christian, ma perché mi stai torturando in questa maniera? Non mi potevi portare a mangiare il pollo fritto?». Dopo qualche secondo di pausa mi disse: «Posso chiederti una cosa?».

«Sì certo» feci io.

«Puoi toglierti gli occhiali da sole?»

«Ok, ma perché?» gli risposi.

«Perché vorrei darti un pugno in faccia senza rovinarli!»

Scoppiai a ridere e, per la prima volta dalla perdita di Marta, vidi che anche Giampiero sorrideva. Sotto sotto, l'attività fisica aveva fatto bene anche a lui.

Arrivò il giorno del funerale. Per riuscire a sopportare quella straziante cerimonia prendemmo dei calmanti, ma il nostro cuore non trovava comunque conforto dal dolore. Ricordo che quella mattina, a colazione, nessuno disse nulla, neppure una parola. Indossai una camicia nera, un paio di jeans, il giubbotto e andammo a Bassano del Grappa a prendere il mio amore. Al nostro arrivo scesi dall'auto, feci il giro e andai da Antonella. Le aprii la portiera e, aiutandola a uscire, la presi sottobraccio. Spaesato, chiesi a non so chi dove dovessimo andare. «Di là» mi dissero indicandomi uno stabile in lontananza.

Mentre camminavamo notai che il suono del tacco di Antonella sul pavimento in marmo corrispondeva perfettamente alla cadenza del passo di Marta mentre andavamo a fare l'ecografia per scoprire il sesso del nostro bambino. Antonella, quel giorno, ebbe la stessa forza d'animo della figlia, la stessa energia che in ogni situazione non la abbandonava mai.

Prima di allora non ero mai stato in una camera ardente, non sapevo neppure che quella di Bassano si trovasse davanti all'ospedale.

L'edificio, a forma di elle, era costituito da un lungo corridoio d'entrata che proseguiva verso sinistra. Su ogni porta, il nome di una persona deceduta.

Trovai quello di Marta e mi fermai. Aiutai Antonella a sedersi su una sedia e la invitai ad attendermi un attimo. «Non andare» mi supplicò. «Per favore, Chris, restiamo qui, insieme.» Tornai verso di lei, mi abbassai leggermente, le accarezzai il viso e le dissi che avrei tanto voluto vedere Marta per l'ultima volta. Non doveva preoccuparsi, sarei ritornato presto.

Varcai l'entrata a pochi passi da Antonella. Marta era lì, distesa in una bara, con le dita incrociate sul petto. Quando aveva esalato il suo ultimo respiro mi era parso di notare un sorriso sulle sue labbra; lì dentro, invece, pareva arrabbiata. Non avrebbe mai voluto farsi vedere da tutti così inerme. Restai a guardare mentre chiudevano la bara e la sigillavano con la fiamma ossidrica. Fu l'ultima volta che la vidi.

Caricarono la bara nel carro funebre, che seguimmo per quaranta chilometri fino a Giavera del Montello, il paese dei suoi genitori, dove lei aveva trascorso l'infanzia. Passammo cinquanta minuti guardando quell'auto di fronte a noi, che portava il corpo del mio amore.

Il fratello di Marta, Fabio, guidava l'auto sulla quale ci trovavamo. Il padre era seduto al suo fianco, mentre la madre, la sorella e io seguivamo il corteo dai sedili posteriori. Pioveva molto, fuori era tutto grigio, e gli interni semiappannati dell'auto e il cocktail di farmaci che avevamo assunto mi fecero per un attimo chiudere gli occhi. Quando li riaprii, mi accorsi che anche Francesca e Antonella si stavano assopendo; eravamo completamente sedati.

Ci trovavamo su una strada che pochi giorni prima avevo percorso con Marta seduta al mio fianco. Discutevamo riguardo a un nuovo format del nostro blog: viaggiare in famiglia. Mi diceva che avremmo potuto raccontare le nostre peripezie per il mondo parlando anche di nostro figlio Leonardo.

All'arrivo presi sottobraccio Antonella e Francesca ed entrammo. Pochi mesi prima, in quella stessa chiesa, si era celebrato il matrimonio della cugina Federica. Marta, in quell'occasione, era bellissima, elegante, con un filo di trucco che esaltava il suo viso lucente. Ricordo il muretto dove avevamo preparato il riso da lanciare ai novelli sposi.

Ora, invece, era tutto diverso. Accompagnammo la bara all'altare e ci sedemmo sulla prima panca. Intorno a me, cronisti e cameraman erano pronti a riprendere tutto: la morte di Marta aveva fatto scalpore. Fino a quel momento le cause del suo decesso non erano state chiarite e c'erano forse delle irregolarità sulle procedure che i medici avevano seguito. Chiesi a tutti loro di lasciare cortesemente la chiesa. In quel giorno mi sentivo in dovere di essere forte, e mi imposi di versare pochissime lacrime. La mia tecnica era quella di non ascoltare il dolore e pensare solo al sorriso di Marta.

Dalla chiesa ci trasferimmo al cimitero. La pioggia, in pochi minuti, mi bagnò completamente. Non riuscivo a credere di trovarmi lì, in piedi davanti alla fossa nella quale avrebbero sepolto Marta. Il sacerdote le augurò di riposare in pace, ma lei non era vecchia e non aveva bisogno di riposo.

Mentre calavano la bara, alcune persone gettarono delle rose bianche. Antonella, stringendomi forte la mano, mi disse di non preoccuparmi: Marta sarebbe stata sepolta più in alto possibile, l'acqua non l'avrebbe minimamente toccata. Sarebbe stata bene.

3

Il giorno successivo passai ore seduto sulla piattaforma in sassi e cemento che, protraendosi nelle acque del Brenta, ha il compito di rallentare la forte corrente del fiume. Rivolgendo le spalle alla verde vallata che prosegue verso le montagne, tenevo sott'occhio il vecchio ponte di Bassano.

Le nuvole si muovevano velocemente sopra la mia testa, sembravano rincorrersi. Guardandole, mentre il vento mi scompigliava i capelli, ripensai alla mia spensierata giovinezza, quando, tra le strade di San Giuseppe di Cassola, il mio piccolo paesino a due chilometri da Bassano del Grappa, giocavo con i miei amichetti a nascondino. Ricordai l'emozione di stare con i più grandi, la bella bambina dai capelli neri che mi faceva battere forte il cuore, la voglia di vincere, il profumo dell'erba appena tagliata, le risate e le corse a perdifiato. Erano passati trent'anni e a me sembrarono un attimo.

Lì, accovacciato su quella roccia, tenendomi le caviglie con le mani, riflettei sul fatto che la vita, per quanto lunga possa essere, è comunque troppo breve, e soprattutto imprevedibile: in un'ora può cambiare drasticamente. Non riuscivo a trovare un senso logico a nulla, e ogni pensiero che mi passava per la testa mi sembrava superfluo. Ragionai sul fatto che il lavoro avrebbe potuto regalarmi qualche soddisfazione, ma le ore passate in ufficio mi parevano tempo sprecato. Pensai a quanto mi piacesse scoprire posti nuovi, ma viaggiare da solo e non condividere con nessuno il piacere della scoperta mi sembrava inutile. Ero confuso.

Per sentirmi meno solo presi il telefonino e, stringendolo tra le mie mani gelide, cercai l'ultimo video che avevo girato a Marta: lei parlava a una bimba affetta da una grave patologia e la faceva ridere giocando con una bambola di pezza. Riascoltare la sua voce fu come averla al mio fianco, e sentendola ridere ripensai a quanto ci sentissimo bene quando aiutavamo il prossimo, e a quanto lei fosse felice di farlo.

Mi tornò in mente il nostro progetto di girare l'Italia per raccogliere fondi da destinare alla ricerca e mi immaginai Marta che parlava di beneficenza a un pubblico seduto ad ascoltarla, mentre io, in secondo piano, la guardavo sorridere. In quel momento, seduto in mezzo al fiume e infreddolito, sorrisi pure io.

In quel periodo l'attività fisica mi aiutava tantissimo: scacciavo la disperazione con una corsa a perdifiato, la rabbia con venti flessioni, e camminavo moltissimo per tenere a freno la malinconia.

Il mio pensiero riacquistava sempre più razionalità a ogni chilometro che percorrevo. Il problema sorgeva quando mi fermavo.

Le mie lunghe passeggiate mi portarono a esplorare luoghi che altrimenti non avrei mai visitato, scorci di natura a pochi chilometri da casa. Cercavo di curare la mia anima con la bellezza della natura.

Ricordo il preciso istante in cui tra quei panorami iniziò a materializzarsi in me l'idea che mi avrebbe regalato una delle esperienze più incredibili della mia vita.

Mi trovavo in collina, a circa trenta chilometri da casa. Ammirando il panorama sottostante vidi la strada dalla quale provenivo che si perdeva all'orizzonte. Mi sembrava lunghissima, eppure avrei potuto camminare ancora a lungo. Non mi sentivo affatto stanco, mi sembrava di avere la forza per girare l'intera regione a piedi; anzi, l'intera Italia. Sorrisi a quella pazza idea e, forse per scacciarla dalla mente, iniziai a correre. Percorsi chilometri e chilometri, finché non fui stravolto. A un tratto l'idea di compiere il giro dell'Italia a piedi mi sembrò un'impresa assolutamente fattibile. Avrei potuto realizzare il piano di Marta di raccogliere fondi per la lotta alla fibrosi cistica, ricerca alla quale entrambi avevamo fatto una donazione a Natale, una coincidenza che lei aveva chiamato "segno del destino".

In quel momento provai una strana sensazione, accompagnata da un brivido: mi sembrò di sentire la mano del mio amore che mi accarezzava il viso.

Non feci in tempo a ripercorrere i trenta chilometri del ritorno che cancellai telefonicamente tutti i miei impegni lavorativi, sia da freelance che da dipendente. Al termine del giro di telefonate mi sembrava di essere rinato: per la prima volta mi sentii completamente libero, padrone di decidere e fare ciò che volevo. Non avevo più alcun limite, nessun impedimento. Mi trovavo nello stato ideale per prendere una decisione, e quel giorno decisi che sarei partito. Avevo un disperato bisogno di aiutare gli altri, di fare qualcosa che desse un senso alla mia vita. Per la data della partenza non avevo dubbi: il 2 aprile, giorno nel quale avrebbe dovuto nascere il mio piccolo Leonardo.

Una specie di ripartenza, una data che non dimenticherò mai.

Nei giorni successivi parlai con alcuni conoscenti dell'idea di girare l'Italia a piedi, ma nessuno la approvò, e molti cercarono di dissuadermi. Dicevano che era una decisione insensata, che nessuno prima di me aveva compiuto un'impresa del genere, che non era giusto né per me né per i miei familiari.

Mi regalarono un consulto da uno psicologo, e io ci andai pure. Ricordo l'espressione del suo viso mentre gli parlavo del mio progetto: sembravo fargli tenerezza. Sicuro di ciò che pensava, disse che era normale che volessi fuggire, era solo una tipica reazione al dolore, ma non per questo era una scelta sensata. L'indomani, mi disse, avrei già cambiato idea. Discussi a lungo con lui presentando e ribadendo le mie ragioni, ma fu tutto inutile: non riuscii a spegnere quel sorriso di sufficienza dalle sue labbra.

Quasi tutte le persone con le quali parlavo del progetto mi consideravano un visionario senza speranza, ma non potevo fargliene una colpa: è normale considerare strana una persona che si lancia in un'impresa mai tentata prima.

Gli unici che credevano realmente in me furono i miei genitori e i familiari di Marta: contro ogni mia previsione pensavano che la mia idea fosse fantastica, e mi garantirono il loro appoggio e il loro aiuto.

Riflettei sugli obiettivi della mia impresa, e ne trovai molti: far conoscere la fibrosi cistica, raccogliere fondi per la ricerca e soprattutto visitare i ventisette ospedali italiani specializzati nella cura di questa malattia genetica. Volevo far capire a quei pazienti che non erano soli: io sarei stato al loro fianco e avrei fatto il possibile per aiutare la ricerca. Forse sarei anche riuscito ad accendere in loro la speranza in un futuro migliore.

Pensai che chiunque avrebbe potuto seguirmi lungo il cammino: chi voleva poteva unirsi a me. L'unico requisito indispensabile era la voglia di fare del bene.

Iniziai a pianificare il viaggio e ad affrontare i problemi che un'impresa come la mia comportava. Uno dei miei pensieri più ricorrenti era: come avrei potuto percorrere l'Italia intera senza spendere nulla? Avrei potuto cercare degli sponsor, ma pensai che sarebbe stato meglio investire quei soldi nella ricerca, piuttosto che nei miei alberghi e nelle altre spese.

Marta e io avevamo deciso di lasciare Londra anche se le nostre carriere lavorative andavano benissimo e guadagnavamo molto. Pensavamo però che i soldi erano solo un aspetto della vita, e nemmeno il più importante. Noi volevamo girare il mondo, esplorarlo il più possibile, vedere continenti diversi e conoscere nuove culture. Nella sua semplicità disarmante Marta sapeva perfettamente dare il giusto peso alle cose, e grazie a questa sua dote eravamo riusciti a maturare l'idea di lasciare Londra, vendere tutto ciò che era in nostro possesso e partire per un lungo viaggio che ci avrebbe portati a compiere il giro del mondo.

Avevamo acquistato un biglietto aereo che ci permetteva di percorrere l'intera circonferenza terrestre viaggiando sempre verso est, per poi ritornare al punto di partenza.

Per l'organizzazione di questo lungo viaggio ci eravamo affidati al web, scoprendo che i migliori e più spassionati consigli venivano direttamente dai blogger che avevano vissuto precedentemente la stessa esperienza e la raccontavano in rete.

Avevamo visitato in versione fai da te l'Asia, l'Australia, la Nuova Zelanda, le Isole Cook, e avevamo raggiunto gli Stati Uniti, prima di fare ritorno a Londra. Il viaggio era durato circa un anno, uno dei periodi più belli della mia vita. Mentre ci trovavamo in giro per il mondo avevamo deciso di aprire un blog per consigliare e aiutare i viaggiatori italiani che avrebbero deciso di vivere la nostra esperienza. E così avevamo creato www.blogdiviaggi.com.

Grazie alle nostre esperienze di gestione dei social media, la creazione di articoli con ottica SEO e la grande passione per il viaggio, il nostro divenne uno tra i blog di viaggi più influenti della rete italiana. Blogdiviaggi, grazie al suo inaspettato successo, si era tramutato in un lavoro che ci aveva permesso di fare ciò che amavamo di più: viaggiare e scrivere.

Mentre ero immerso in questi ricordi, mi resi conto che avevo a disposizione uno degli strumenti mediatici più potenti di questi tempi: il web. Avrei potuto usare i social media per far conoscere il progetto a un pubblico molto ampio.

Parlai su Facebook e Twitter della mia intenzione di girare l'Italia a piedi, e per beneficenza. Dalle prime risposte che ricevetti capii che quella era la strada giusta da percorrere per promuovere il viaggio. In molti mi scrissero per sostenermi e, grazie alle condivisioni, alcuni articoli raggiunsero più di trecentomila contatti. La notizia del mio viaggio arrivò fino ai giornalisti di alcune testate nazionali e inviati di Rai, Mediaset e di alcune televisioni locali mi contattarono per un'intervista.

Prima della perdita di Marta evitavo di parlare in pubblico: era lei l'addetta alle relazioni pubbliche, sia nella sfera lavorativa che in quella sociale. Con il suo sorriso era sempre riuscita ad ammaliare tutti. Io, invece, non avevo quella dote. Uno dei tanti fattori che la rendeva speciale era che credeva profondamente nel prossimo. Questo glielo si leggeva negli occhi ed era impossibile non volerle bene da subito.

Tuttora, ripensandoci, non riesco a capire dove trovai la forza e la lucidità con la quale parlai con i media.

I giornalisti, nei miei confronti, non furono certo dei santi, e di domande scomode me ne fecero parecchie. "È arrabbiato con i dottori che hanno fatto morire Marta?", "Cosa si prova ad aver perso l'amore per la vita?", "Si sente disperato?". Queste domande mi addoloravano, e spesso faticavo a trattenere le lacrime. Ma quello era il prezzo che avrei dovuto abituarmi a pagare per far conoscere il progetto.

Un giorno ebbi l'idea di pubblicare su Facebook una tabella nella quale indicavo le tappe del mio viaggio, e chiesi se qualcuno poteva darmi un aiuto, di qualunque tipo. Quell'articolo fece il giro della rete e in poche ore decine di persone si offrirono di darmi ospitalità e di organizzare degli eventi. Fu la formula perfetta per raccogliere donazioni e raggiungere a piedi i ventisette centri italiani che curano la fibrosi cistica, il tutto senza spendere un soldo.

Dovevo anche trovare il modo di regolarizzare le donazioni che avrei ricevuto. Capii che la cosa più sensata era costituire una onlus, della quale sarei potuto essere il presidente. L'idea di creare una onlus, un'associazione che riesce a destinare alla ricerca il 100 per cento dei ricavati, suonava a molti impossibile; eppure, più mi ribadivano questo concetto, più mi convincevo della fattibilità dell'impresa.

Mi recai da Alberto, una persona squisita che, a detta di Elisa, la cugina di Marta, mi avrebbe potuto aiutare: essendo un commercialista molto bravo era il professionista che mi serviva, la persona giusta alla quale rivolgermi.

Lo raggiunsi nel suo grande studio. Il suo ufficio si trovava in fondo a un grigio corridoio molto illuminato e moderno. Aprendomi la porta si presentò, mi strinse la mano e mi invitò a sedermi su una delle due sedie ergonomiche davanti alla sua scrivania.

Era un uomo sulla cinquantina, ben vestito e gentile. Discutemmo a lungo dei documenti da presentare, ma tra una domanda e l'altra mi sorprese dicendomi: «Caro Christian, Elisa mi ha raccontato ciò che ti è successo e io so che cosa stai provando: mia moglie è morta un anno fa».

Gli espressi il mio dispiacere e gli chiesi come stava. Volevo sapere se si sentiva meglio, o se era ancora devastato dal dolore, come lo ero io. Mi rispose: «Ora va meglio, ma i prossimi mesi saranno i più duri della tua vita».

«Più duri di adesso?» domandai.

«Credo proprio di sì» rispose. «Comincerai a guarire solo quando ti renderai davvero conto di ciò che ti è successo.»

Gli chiesi che cosa avesse fatto dei vestiti e degli oggetti di sua moglie, e lui mi disse che li aveva regalati o donati in beneficenza, e aggiunse: «Ieri ho trovato in casa un suo paio di scarpe eleganti con il tacco, mai messe. Erano dentro al mobiletto». Si commosse, e le sue lacrime mi contagiarono.

Si alzò, si sedette accanto a me e, posandomi una mano sulla spalla, mi disse: «Forza, caro Christian, di strada ne farai tanta. E perdonami se non ho parole che ti possano consolare, sono consapevole che non esistono».

Presto avrei realizzato che le poche frasi che dicono le persone che hanno vissuto delle esperienze dolorose hanno molto più valore delle centinaia di parole pronunciate come filastrocche da tanti. La ferita fa male a chi la subisce, gli altri possono solo immaginare quanto possa bruciare.

Alberto mi prese così a cuore che non volle neppure essere pagato. Mi aiutò in tutti i modi e alla fine riuscì nell'intento: il 27 marzo fu costituita una onlus chiamata Marta4kids: Marta per i bambini.

Le donazioni iniziarono ad arrivare quasi subito. Nei paesi di provincia il passaparola fu molto più veloce della connessione a fibra ottica di internet, e presto in molti vennero a conoscenza del mio progetto. Da quel momento, quasi magicamente, la mia idea smise di essere presa per una pazzia e iniziò a essere considerata un bellissimo gesto d'amore. Probabilmente la televisione giocò un ruolo fondamentale sulla valutazione pubblica del progetto Marta4kids.

In quel periodo fui contattato da varie e famose case di produzione video, ma volevano tutte una sola cosa: l'esclusiva e la possibilità di vendere i diritti, senza peraltro donare nulla alla onlus.

Un giorno arrivò a casa mia un regista importante con il suo autista, una guardia del corpo e un assistente, ma questo non mi impressionò più di tanto. Il contratto che mi propose non mi convinceva, visto che era incentrato principalmente sui guadagni che loro potevano trarne. Come potevano pensare di non donare nulla alla causa?

A quel punto avevo quasi perso le speranze di poter documentare in video il progetto Marta4kids, finché non ricevetti una telefonata da Milano. «Ciao Chris, mi chiamo Davide, sono un regista di Lateral Film, una casa di produzione, e per me sarebbe un vero piacere documentare il tuo viaggio. Sai» aggiunse, «mi sento molto vicino alla causa per la quale tu raccoglierai i fondi, anch'io sono malato di fibrosi cistica.»

Il suo tono di voce, la sua risata e il fatto che non mi avesse chiesto assolutamente nulla – nessun diritto o esclusiva – mi colpirono moltissimo. Guardai alcuni lavori che aveva prodotto, ed erano davvero belli. Mi disse che i proventi del video che avrebbe girato con me sarebbero stati donati alla ricerca.

Non c'era persona migliore di lui per filmare il mio giro d'Italia a piedi.

Davide, grazie a questo viaggio, sarebbe diventato uno dei miei più grandi amici.

In quel periodo mi tenevo impegnatissimo, e questo mi aiutava a distrarmi un po'. Seduto sulla nuova sedia della cucina passavo il tempo a organizzare il viaggio, tra telefono e computer. Ma ogni tanto, inevitabilmente, mi fermavo e pensavo alla crudeltà della vita, e tornavo a concentrarmi sull'incolmabile tristezza che avevo dentro al cuore. Quella casa mi sembrava sempre fredda, avevo continuamente i brividi. Sobbalzavo a ogni rumore, che nella mia testa continuava a riecheggiare come un'eco. Quel senso di vuoto non era solo dentro di me, ma anche attorno a me.

La settimana successiva istituii un gruppo di lavoro formato da volontari che volevano far parte del progetto. Elisa, Francesca e Laura mi aiutarono a cercare alloggio nelle diverse località che avrei incontrato durante il viaggio e a gestire gli appuntamenti. Federica, un'altra cugina di Marta, ebbe il ruolo di contabile, zia Ivana fu l'addetta ai loghi e alle stampe pubblicitarie, mentre il marito di Federica, Andrea, insieme ad alcuni suoi amici, ebbe il compito di tracciare nel dettaglio il mio itinerario. Più i giorni passavano più i chilometri del mio percorso aumentavano. Andrea e i suoi amici fecero un ottimo lavoro mettendo a punto un itinerario con più di duecento tappe, più o meno quattromila chilometri – venticinque al giorno –, per un totale di dieci mesi e diciannove giorni di viaggio.

A volte, sorridendo, Andrea mi chiedeva se mi rendevo davvero conto di quale impresa mi aspettava, delle salite che avrei dovuto affrontare o dei bellissimi panorami che presto avrei visto.

In quel periodo buio, il loro appoggio fu per me davvero importante. Quando ero in loro compagnia il senso di solitudine che risiedeva in fondo al mio cuore si faceva sentire un po' meno.

Nessuno dei miei amici fece parte di questo gruppo di

lavoro. Da quando Marta era morta, pochi si erano fatti sentire, e alcuni erano addirittura spariti. Una situazione forse troppo difficile da affrontare, un po' per tutti.

Era sabato pomeriggio e mi trovavo a casa dei genitori di Marta. Stavo partecipando alla riunione settimanale per l'organizzazione del viaggio. Davanti a noi passò l'idraulico, che stava effettuando dei lavori in casa. A un certo punto si fermò e disse: «Ciao, sei Chris, vero?».

«Sì» risposi, «sono io.»

Allungandomi la mano aggiunse: «È un grande piacere conoscerti, io sono Diego. Ho sentito molto parlare di te e vorrei aiutarti in qualche modo. Conosco un coro che potrebbe organizzare un concerto di beneficenza, il ricavato sarebbe devoluto interamente a Marta4kids. Cosa ne pensi?».

Senza batter ciglio risposi che secondo me aveva avuto un'idea fantastica.

Qualche giorno più tardi mi recai con Diego a conoscere alcuni membri del coro. Arrivammo verso l'imbrunire risalendo una strada sterrata che si inerpicava fino a raggiungere una casetta in cima a una collina. Parcheggiammo l'auto sotto un vecchio fico e, a passo spedito, ci dirigemmo verso la fioca luce d'entrata, resa ancor più flebile dalla leggera nebbiolina di quella sera. Diego aprì la porta ed entrò salutando a gran voce i suoi amici, che ci stavano aspettando seduti a un tavolo.

Bevendo caffè e mangiando biscotti raccontai il mio progetto, e furono tutti entusiasti di aiutarmi. Stretti attorno a quel tavolo mi sembrava che la loro energia avvolgesse il mio cuore, ebbi come la sensazione che mi abbracciassero.

La sera del concerto ero molto nervoso: avrei dovuto parlare per la prima volta davanti a un pubblico composto da centinaia di persone. Se Marta avesse potuto vedermi non ci avrebbe comunque creduto, perché non sono proprio la persona che ama questo genere di cose, anzi.

In quella chiesa c'erano tutti, tranne Giampiero. Era così distrutto dal dolore che non riusciva neppure ad alzarsi dal letto. Mi preoccupò molto non vederlo ma, ricordando il bene immenso che Marta gli voleva, mi rincuorai pensando che lei non lo avrebbe mai abbandonato e piano piano lo avrebbe sicuramente aiutato.

La chiesa era stracolma. Mi dissero che alcune persone erano rimaste sul sagrato, e io mi impressionai: tutti volevano essere lì con me, e non mi conoscevano neppure. Gli abitanti di Giavera del Montello si erano stretti attorno alla famiglia di Marta sostenendola come potevano.

Le realtà più piccole, al contrario delle grandi città, non offrono certo molte opportunità di lavoro, ma compensano con una grande umanità e un forte senso di appartenenza a una comunità: due degli aspetti migliori di una mentalità che rende la nostra Italia il Bel Paese che è.

Tra un canto e l'altro si avvicinava il mio discorso. Quando fu il momento mi asciugai sui pantaloni il sudore delle mani e, passando dalle scalinate laterali dell'altare, raggiunsi il microfono. Avvicinandolo al viso innescai il classico fischio dell'effetto Larsen. Mi dimenticai all'istante cosa volevo dire e per dieci secondi rimasi in silenzio. Un black out totale. In quella chiesa non volava una mosca e io avevo più di quattrocento occhi puntati addosso. Raccolsi tutte le mie forze e, prendendo un gran respiro, finalmente iniziai a parlare.

Presentai a grandi linee il progetto del mio lungo viaggio e la volontà di compierlo anche in memoria di Marta; cercai di comunicare il mio desiderio di portare a termine il nostro ultimo progetto e farlo soprattutto con il fine di aiutare il prossimo. Conclusi il discorso ringraziando tutti i presenti, che mi applaudirono per un tempo che mi parve addirittura eccessivo: l'applauso andò avanti per più di un minuto, come succede alle prime dei film. Alcuni si alzarono e vennero ad abbracciarmi, e la maggior parte di loro non li avevo mai visti. In quel momento sentii quella fortissima energia che mi avrebbe spinto e sostenuto nei momenti più duri della mia vita.

Al termine dei canti furono proiettate le foto di Marta e dei nostri viaggi con alcune frasi che lei spesso mi ripeteva. Per la prima volta non riuscii a trattenere le lacrime in pubblico, ma non fui il solo: guardandomi attorno vidi che i membri del coro avevano gli occhi lucidi e molti di loro se li asciugavano con un fazzoletto. Nelle prime file tutti piangevano, e persino l'anziano prete si era commosso. Anni e anni di funerali non erano riusciti a temprare il suo cuore sensibile.

4

2 aprile, la partenza.

Aprii la porta di casa e mi trovai davanti a una bella giornata di sole. Un colpo di vento fece volar via dai pioppi i soffici piumini lanuginosi che, vorticando per la via, si posavano in continuazione sul marciapiede. Sotto casa i volontari alpini stavano già montando un gazebo per il rinfresco offerto da un ristorante della zona, mentre Ivana allestiva il tavolino dove sarebbero state distribuite le magliette di Marta4kids.

Davanti a casa alcune telecamere spiccavano tra i gruppetti di persone che preparavano microfoni e attrezzature. La polizia municipale aveva chiuso la strada: erano le nove e mezzo del mattino e già in molti, bassanesi e non, stavano arrivando per salutarmi e augurarmi buon viaggio.

Non potevo credere a ciò che stava succedendo. Ma era tutto vero. Venni preso dai dubbi: sarei stato in grado di affrontare i giornalisti, la folla, gli eventi di beneficenza e, soprattutto, quattromila chilometri a piedi? Pensando di non esserne all'altezza provai un forte dolore allo stomaco e frettolosamente rientrai e richiusi la porta, con la speranza che nessuno mi avesse notato.

Dovevo scaricare la tensione, ma non potevo certo andare a correre. Un'altra doccia mi avrebbe forse aiutato.

Sotto l'acqua bollente cercai di ritrovare lucidità e provai a concentrarmi sul progetto, anche se lo scroscio dell'acqua non riusciva a coprire le voci delle persone che arrivavano sempre più numerose sotto casa mia.

Guardando il flusso fumante che scendeva dal soffione e precipitava come una cascata mi vennero in mente la Nuova Zelanda e le zone termali dove io e Marta ci eravamo rilassati per ore, del tutto lontani da ogni preoccupazione e da ogni pensiero. Quella serenità mi sembrò un lontanissimo ricordo, un miraggio. Chiusi gli occhi e pensai a dove poteva essere Marta in quel momento e sussurrai: «Amore, non so dove sei o che cosa stai facendo, ma spero tu stia bene e sia felice. Come sai, ultimamente io non lo sono stato molto, ma credo che ciò che sto per fare sia davvero una cosa bella. Spero ti renda un po' orgogliosa di me. Se hai il potere di aiutare qualcuno, dedicati a chi ne ha più bisogno; ma se hai un attimo per ascoltarmi, sappi che ti voglio tanto, tanto bene».

Dopo quindici minuti di rigenerante acqua calda mi rivestii e osservai lo zaino verde che mi avrebbe accompagnato per tutto il viaggio. Pesava nove chili, di cui due di acqua.

Indossai la maglietta di Marta4kids e, guardandomi allo specchio, ammirai quel bellissimo logo stampato. Raffigurava il profilo di una ragazza in gravidanza con gli stessi lineamenti e il taglio di capelli di Marta, che guardava un mondo stilizzato.

Quel logo mi era stato donato da Sonia, una ragazza che si occupava di grafica. L'avevo conosciuta casualmente in un'azienda chiamata HFARM, che avevo contattato chiedendo supporto tecnico per gestire il blog durante il viaggio. Un giorno Sonia mi aveva riconosciuto tra i corridoi e, avendo sentito parlare del mio progetto, si era offerta di aiutarmi gratuitamente. Dopo appena una settimana mi aveva inviato una mail dal titolo: "Un regalo per te". In allegato il logo, che porterò sempre nel cuore.

Arrivò l'ora della partenza.

Inspirai profondamente cercando di raccogliere le forze, misi lo zaino e, emozionato, riaprii la porta d'ingresso.

La strada sottostante era affollata di persone che, vedendomi uscire, applaudirono. Scesi le scale, e le telecamere lì presenti si spostarono tutte davanti al cancello di casa. Non feci in tempo ad aprirlo che mi ritrovai davanti al viso i microfoni dei giornalisti, che mi posero a turno una serie infinita di domande.

Tra la folla vidi la fascia tricolore di Riccardo Poletto, il sindaco di Bassano, che mi aveva sostenuto moltissimo. Lo raggiunsi e gli strinsi la mano, e in un attimo fummo circondati da fotografi che ci chiedevano di salire al primo piano della mia casa e di posizionarci sul balcone, dietro al logo. Dissero che sarebbe stata la location ottimale per una foto perfetta.

Io e altre venti persone ci incamminammo verso casa. Mentre risalivo nuovamente le scale mi chiesi se quel vecchio balcone che stavamo per raggiungere sarebbe riuscito a reggere il peso di tante persone. Immaginavo già il titolo dell'articolo: "Il vecchio balcone cade, in ospedale il sindaco di Bassano del Grappa e l'intero staff di Marta4kids".

Ci sistemammo tutti vicini – le ragazze davanti, i più alti dietro – e sorrisi, nonostante fossi preoccupato della tenuta della struttura.

Quel giorno tutti i presenti vollero congratularsi con me, anche se non avevo fatto ancora nulla.

Si avvicinò una famiglia con una bellissima bambina bionda dagli occhi azzurri e dal visino sottile e dolce. Il padre, guardando la mia maglietta, disse: «Ti ringrazio per quello che fai, stai aiutando anche la mia bambina. Spero tanto si trovi una cura». Si commosse. Lo abbracciai e cercai di confortarlo: «Vedrai, la cura è vicina, non preoccuparti».

Erano parole banalissime, che però accesero una luce di speranza negli occhi lucidi di quel padre eternamente preoccupato per la sua bimba malata.

Poco dopo mi si avvicinò una signora sui sessant'anni, coi capelli ricci e un sorriso contagioso. Disse di chiamarsi Ivana e mi chiese: «Io e mia sorella vorremmo accompagnarti per un po', ma volevo avvertirti che non riusciremo a camminare velocemente perché lei», e mi indicò una donna seduta su un muretto lì vicino, «è molto malata. Ma se abbiamo deciso di seguirti per un po' è perché la tua forza si è trasmessa anche a noi».

Sorridendole la tranquillizzai: «Non sto partecipando a una gara a tempo. Se volete, camminerò al vostro fianco».

Tra i presenti c'era anche un gruppo di mamme. Tutte avevano perso un bambino. Mi dissero che, insieme, stavano cercando di uscire dal dolore. Mi invitarono a essere forte, a non mollare, ad andare avanti, sempre.

In quel preciso istante arrivò una ragazzina con in mano decine e decine di palloncini bianchi e blu, ognuno dei quali aveva una poesia e un disegno legati sul filo. Erano i piccoli capolavori di alcuni bambini, appositamente creati per Marta e Leonardo. I palloncini avrebbero portato i loro messaggi fino al cielo.

Nell'aria, quel giorno, si respirava positività. Spinto dall'idea di fare del bene e dalle tante parole di sostegno ricevute, mi incamminai. Più di duecento persone mi accompagnarono fino al vecchio ponte di Bassano, dove gli alpini, che mi stavano attendendo, si schierarono in fila lasciando libero un corridoio centrale. Al mio passaggio alcuni di loro mi applaudirono, altri mi fecero il saluto militare.

Ne fui davvero lusingato, e anche in quell'occasione sentii di non meritarmi tutta quell'attenzione.

Procedevo con lo zaino in spalla e due rose bianche, che simboleggiavano Marta e Leonardo. Quando fui sul Ponte Vecchio le gettai nel fiume, e la corrente se le portò via. Le avevo gettate nella convinzione che, come i miei cari, prima o poi, le avrei sicuramente riviste. Magari al mare, dove il fiume sfocia.

I primi giorni di viaggio passarono in fretta.

Un pomeriggio mi trovavo tra i campi in provincia di Verona, praticamente in mezzo al nulla.

In lontananza intravidi una figura in controluce, che sventolando il braccio sopra la testa in segno di saluto urlava qualcosa che non riuscivo a sentire. Presto mi raggiunse. Era un ragazzo dagli occhi scuri e profondi, dal viso scavato e incorniciato da lunghi capelli e da un ciuffo sbarazzino, con al collo una macchina fotografica.

Porgendomi la mano disse: «Ciao, sono Manuele, e

sono affetto da fibrosi cistica». Tossì come se gli fosse andato di traverso qualcosa e solo dopo una decina di secondi aggiunse: «Scusa la tosse, ma è un sintomo della malattia. Ti ho trovato su Facebook grazie all'applicazione che trasmette la tua posizione in tempo reale e ti ho raggiunto solo per ringraziarti: sono le persone come te che danno il vero esempio con le proprie azioni. Stai facendo conoscere alla gente questa malattia, di cui molti ignorano persino l'esistenza. È davvero un onore stringerti la mano e, se posso, vorrei avere il privilegio di scattare una foto con te».

Colpito da quelle parole, con la voce un po' tremante, risposi: «Il privilegio è tutto mio. Grazie delle belle parole. Credo comunque che le persone che danno davvero l'esempio siano quelle come te, che ogni giorno lottano contro la malattia e che, anche in situazioni difficili, sanno mantenere quel bel sorriso che hai anche adesso. In fin dei conti io cammino e basta».

Manuele mi accompagnò fino a San Bonifacio, dove, per la prima volta dalla mia partenza, considerai il fatto di cambiare il percorso che avevamo prefissato.

Quel giorno avrei potuto scegliere fra tre itinerari: quello panoramico, che grazie a delle deviazioni mi avrebbe portato a compiere trentacinque chilometri tra bellissime colline; quello che si snodava attraverso strade secondarie, un tragitto di circa venticinque chilometri relativamente tranquillo; oppure la statale, solo venti chilometri di camminata, ma in una strada trafficata.

Mi facevano già male le gambe. Controvoglia decisi che per una volta avrei potuto percorrere la statale, evitando chilometri aggiuntivi.

La mia scarsa esperienza in tema di lunghi viaggi a piedi mi aveva portato a scegliere scarpe sbagliate, troppo strette e pesanti. Sul tallone e su alcune dita di entrambi i piedi mi si erano formate delle grosse vesciche. Ricordo le prime sere di viaggio, quando, seduto sul letto a gambe incrociate, le bucavo con l'ago lasciando un pezzo di filo all'interno della bolla, in modo da far drenare il liquido. I miei piedi sembravano rammendati da un sarto alle prime armi.

A tredici chilometri da Verona, nel parcheggio di un concessionario di auto, Simona mi chiese di unirsi a me e al gruppo che mi accompagnava. Suo figlio, un bambino seduto su una biciclettina con le rotelle, indossava un caschetto verde abbinato alle scarpine.

«Ciao Chris» disse Simona, «ho letto la tua storia, e ti ho anche visto al telegiornale. Sin da subito ho sentito un forte richiamo verso Marta4kids, e mi piacerebbe accompagnarti per un pezzettino di strada.»

Guardandola un po' preoccupato, risposi: «Grazie mille per essere qui. Se vuoi, puoi unirti a noi, ma vorrei anche avvertirti che questa strada è trafficata e non c'è il marciapiede».

«Lo so» disse Simona, «ma abbiamo percorso settanta chilometri in auto per venire qui», e facendomi l'occhiolino aggiunse: «Tranquillo, starò attenta!».

Pensai di aver completamente sbagliato itinerario: con la mia scelta stavo mettendo a rischio le vite di chi era in quel momento con me.

Per le vesciche ai miei piedi avevo egoisticamente pensato solo a me stesso, senza valutare i pericoli in cui potevano finire gli altri. Mi ripromisi che non sarebbe successo mai più.

Ci mettemmo in fila e ci incamminammo. Le erbacce che crescevano ai lati della strada e l'immondizia gettata dai finestrini delle auto occupavano quasi totalmente il minuscolo spazio a destra della linea bianca. L'unico che riusciva a stare completamente fuori dalla carreggiata era il bambino. Simona si teneva al suo fianco e, tenendone ben saldo il manubrio, ne dirigeva la rotta.

Osservandoli da dietro pensai che la mia vita era meno importante di quella di una mamma che doveva crescere il proprio bimbo, quindi mi spostai un po' più verso il centro della strada, in modo da farle da scudo: se mai avessero dovuto investire qualcuno, mi sarei sacrificato volentieri. Mi voltai per osservare i compagni di camminata e notai che dietro di me c'erano persone che procedevano quasi in mezzo alla strada. Più tardi mi dissero che lo facevano per proteggere me, perché anche la mia vita era importante.

Io neppure li conoscevo.

Mentre procedevamo verso Verona, la nostra attenzione venne attirata da un signore sulla cinquantina in giacca e cravatta che era uscito di corsa dalla porta laterale di una banca urlando il mio nome. Venne verso di noi e, senza dire nulla, mi abbracciò. Era il direttore della banca. «Sto seguendo il tuo giro d'Italia» mi disse, «e credo tu abbia un cuore davvero grande. Scusa, ho poco tempo a disposizione, ho lasciato dei clienti ad aspettarmi nel mio ufficio. Ho visto sui social che stavi passando qui davanti e volevo almeno venirti a salutare.»

Non feci in tempo a rispondergli che, come arrivò, di corsa se ne andò.

Alle porte di Verona venne a prendermi Piero, la persona che quella notte mi avrebbe ospitato.

Misi il mio zaino sulla pedana del suo motorino, salii in sella dietro di lui e, con un po' di peripezie, riuscimmo a raggiungere la sua casa. Quella sera aveva organizzato un'apericena di beneficenza per raccogliere dei fondi per Marta4kids.

Alla fine dell'evento restai con lui seduto sui gradini di marmo della sua casa e, davanti alle piante del giardino, parlammo a lungo di un concetto che sentivo vicinissimo: vivere ogni giorno della vita come se fosse l'ultimo.

Raccontai a Piero delle centinaia di persone che in quei primi giorni di viaggio avevo conosciuto, delle emozioni che mi avevano fatto provare, delle belle parole che mi avevano detto, e, soprattutto, parlai della forza di quei ragazzi malati di fibrosi che ogni giorno, tra terapie e ricoveri, lottano per stare bene.

In quel momento realizzai che, anche considerando il dolore che mi aveva provocato tutto ciò che mi era successo, ero comunque fortunato.

Ero partito per questo viaggio senza aspettative. L'unica cosa certa era che, in un modo o nell'altro, sarei comunque arrivato fino alla fine percorrendo a piedi tutta l'Italia. Ero molto determinato.

Prima della partenza mi ero immaginato di camminare da solo, di mettermi in spalla ogni mattina il mio zaino e raggiungere la tappa prefissata raccogliendo più fondi possibili agli eventi di beneficenza che mi avrebbero organizzato.

Non avevo altri obiettivi, non mi aspettavo niente da

nessuno, tanto meno che Marta4kids sarebbe diventata così popolare.

Ogni cosa bella che mi succedeva in quel periodo la consideravo una sorpresa, un dono speciale.

Macinando chilometri su chilometri arrivai sul bel lago di Garda. A Desenzano mi attendeva Adriano. Era un uomo sulla cinquantina dai soffici capelli bianchi e ricci, dagli occhi azzurri e dalla spiccata positività. Per Marta4kids aveva organizzato un incontro con il sindaco e le autorità, e aveva persino fatto installare nella piazza del paese un arco gonfiabile con scritto "Arriva Marta4kids". Aveva fatto stampare degli asciugamani con il logo della onlus e aveva cercato di aiutarmi il più possibile con la distribuzione delle magliette di Marta4kids.

Era arrivata finalmente la mia prima domenica libera, che tanto avevo sognato, specialmente negli ultimi giorni di cammino. Avrei potuto riposarmi un po', ma Adriano aveva una sorpresa in serbo per me: un'altra bella camminata domenicale di beneficenza con un itinerario di sette chilometri alla scoperta delle bellissime zone verdi vicino al lago.

Avrei mai potuto rifiutare?

Quella domenica, già alle prime ore del mattino, il sole era molto caldo. Arrivai alla partenza stranamente in perfetto orario. Adriano mi stava aspettando e con un microfono in mano intratteneva i numerosi partecipanti alla camminata. Mi chiamò al centro della piazza e, senza dir nulla, mi passò il microfono. Per timidezza, come al solito, arrossii, e mi limitai a spiegare brevemente il progetto, ma soprattutto li ringraziai per quello che stavano facendo: era grazie a persone come loro che la ricerca poteva andare avanti. Marta4kids non ero solo io, ma tutti coloro che prendevano parte al progetto. Furono parole semplici, parole dettate dal cuore.

Adriano si mise alla guida del folto gruppo di camminatori. Tra di noi, quel giorno, c'erano personaggi alquanto singolari: Massimo, di origini e accento sardo, era un grande motivatore. Aveva attaccato alla cintura dei pantaloni delle casse che trasmettevano musica ad alto volume con la quale galvanizzava il suo personale gruppo di camminatori, facendoli addirittura ballare delle coreografie da lui inventate. Tra il repertorio di canzoni a sua disposizione aveva anche l'inno nazionale, e quando lo faceva sentire tutti lo cantavamo ad alta voce. Massimo mi accompagnò per alcune tappe e mi regalò davvero tanti sorrisi.

Mi presentarono anche Luigino; lui, al posto della musica, aveva delle campane attaccate allo zaino, e a ogni passo faceva un casino bestiale.

Giunti alla fine del percorso, prendendomi sottobraccio, Adriano mi disse che aveva un'altra sorpresa per me. Mi portò in mezzo a un oliveto, dove erano stati posizionati dei tavolini. Lì vicino, in una vecchia casetta di legno, delle signore stavano preparando dei panini. Tra gli ulivi secolari, sotto le fronde delle piante, c'era una band formata da batteria, chitarre e fisarmonica, e tutti indossavano la maglietta di Marta4kids. Salutandomi con un cenno della mano iniziarono a suonare. C'era un'atmosfera incredibile. Mi commossi, e per non farlo vedere indossai gli occhiali da sole.

Richiamate dalla musica, iniziarono a sbucare persone un po' da ovunque: dai campi, da una stretta stradina di sassi bianchi, dall'oliveto e persino dalla casetta in legno.

Alcuni iniziarono a ballare, altri si sedettero in cerchio, mentre delle signore distribuivano a tutti vino e panini.

Fu senza alcun dubbio una giornata bellissima che non avrei vissuto se quella domenica, come da programma, mi fossi riposato.

Arrivò una tra le giornate più importanti del mio viaggio, la visita a uno dei ventisette centri italiani che curano la fibrosi cistica: il centro di Supporto per la Fibrosi Cistica dell'ospedale civile di Brescia, al reparto pediatria.

Attorno alle undici di mattina, accompagnato da Davide e dalla sua troupe, raggiungemmo l'ospedale di Brescia. All'entrata ci attendevano delle persone con la maglietta di Marta4kids. Tra loro, dottori con il camice bianco e giornalisti.

Davide mi guardò attentamente e, aggrottando le sopracciglia, disse: «Non ti preoccupare, Chris, andrà tutto bene, vedrai». La preoccupazione che si leggeva nei miei occhi non era relativa all'incontro con i medici o con i media; il mio pensiero era rivolto ai malati che avrei visitato di lì a poco.

Strinsi la mano ai dottori del reparto e agli infermieri. Mi fecero accomodare in una stanza piena di palloncini bianchi e blu con, appesa al muro, la scritta: "Benvenuti Chris e Marta4kids". Al centro di quella sala era pronto un rinfresco. I medici furono davvero molto gentili, ma io non ero lì per festeggiare, bensì per visitare gli ammalati.

Chiesi se potevo andarli a trovare subito, e mi risposero che in ognuna delle stanze a disposizione del reparto c'erano bambini e ragazzi che già sapevano di me e dell'impresa che stavo compiendo. Mi stavano aspettando.

Scortato da dottori, giornalisti e ovviamente dai ragazzi della Lateral arrivammo al reparto e ci fermammo davanti a una porta. Un'infermiera mi avvisò che la ragazza di sedici anni che si trovava in quella stanza soffriva di gravi problemi respiratori e lottava contro un'infezione bronchiale che, oltre ad averle compromesso la capacità polmonare, si stava aggravando. La ragazza era in lista per il trapianto bipolmonare.

Bussai e chiesi il permesso di entrare. Lei si trovava seduta a gambe incrociate sul letto. Indossava la maglietta della onlus e, per renderla ancora più fashion, l'aveva annodata su un fianco. Attaccata al braccio destro aveva una flebo, e al suo fianco c'era il macchinario per la misurazione della frequenza cardiaca. Il *bip* che emetteva mi riportò con il pensiero agli ultimi attimi di vita di Marta. Ogni particolare di quella stanza mi evocava ricordi spiacevoli, ma cercai di essere sorridente e chiesi alla ragazza come si sentisse. Mi rispose che si trovava in ospedale da più di due mesi. Ultimamente non stava molto bene, non aveva molta fame e non vedeva l'ora di andarsene da lì. Dall'occhio sinistro le scese una lacrima. Mi sedetti sulla sedia accanto a lei e chiesi a cameraman e dottori di lasciarci un po' da soli. Se ne andarono tutti, anche i genitori.

Appena si chiuse la porta, dagli occhi della ragazza scesero sul viso altre due lacrime. Era molto bella. La sua folta chioma castana terminava con una frangetta che valorizzava i suoi occhi verdi.

Presi dalla tasca un fazzoletto di carta e con un sorriso glielo offrii. Se lo strofinò sugli occhi facendo colare quel filo di mascara che si era messa per farsi bella anche in ospedale. Rendendosene conto disse: «Ecco, Chris, sono un mostro, oltre che una bambina piagnucolosa».

«E io che dovrei dire, che a quasi quarant'anni piango ancora?» feci io. «L'unica mia fortuna è che il mascara non lo metto più.»

Scoppiammo a ridere. Mi avvicinai a lei. «Lo sai che ho già quasi consumato un paio di scarpe per arrivare fino a qui? La ricerca sta andando avanti, non devi avere paura di nulla. Si stanno facendo passi da gigante, e la cura è vicina. Posso solo immaginare che per te non sia facile rimanere rinchiusa qui, ma le cose cambieranno, vedrai.»

«Posso chiederti una cosa?» mi disse. E, senza attendere la mia risposta, aggiunse: «Posso abbracciarti?».

«Certamente» risposi. Ci stringemmo affettuosamente. Il mio orecchio si trovava a pochi centimetri dal *bip* di quel maledetto strumento, che continuava imperterrito a suonare. Finché c'è vita c'è speranza, mi ripetei. Sembra una frase fatta, ma è proprio così.

Uscii da quella stanza pensieroso. I dottori, rendendosene conto, mi chiesero se andava tutto bene, e io annuii.

Arrivammo davanti a un'altra porta, dove mi avvertirono che la situazione del malato era ancora più grave. Il ragazzo steso sul letto aveva un tubo di plastica blu che fuoriusciva dal collo, connesso a una specie di respiratore. La fibrosi cistica colpisce, oltre che il fegato e il pancreas, anche il sistema polmonare, diminuendone drasticamente la capacità. Una delle più frequenti cause di morte tra i malati di fibrosi cistica è il soffocamento.

Chiesi al ragazzo il permesso di sedermi sulla sedia di fianco al letto. Lui annuì e non disse altro.

Gli raccontai ciò che stavo facendo, alcuni aneddoti divertenti riguardo al viaggio, ma lui fissava un punto del soffitto e non diceva nulla. Provai a parlare di videogiochi, di calcio, di ragazze, ma lui sembrava non ascoltarmi. Capii che era tutto inutile e limitai le mie sterili chiacchiere. Fu proprio in quel momento che il ragazzo staccò il tubo che aveva collegato al collo e, tappandolo con la mano, disse: «Chris, conosco la tua storia, e ti ammiro molto. Ti ringrazio per quello che stai facendo. Io, purtroppo, non potrei mai farlo. Non posso camminare, e sono solo in questo letto, sono inutile». Lo guardai negli occhi. «Non sei inutile» feci. «Le parole che mi hai appena detto, infatti, oltre a lusingarmi mi riempiono di energia, e questo non lo reputo assolutamente inutile, tutt'altro! Vedrai che ti alzerai presto dal letto e magari, chissà, verrai a camminare con me per qualche chilometro, noi due insieme per la stessa causa. Ci rivedremo presto, ok?»

Si tolse nuovamente il tubo. I suoi occhi, in quel momento, erano di una tristezza infinita. Con un filo di voce disse: «Chris, non credo che questo succederà. Secondo me andrò da Marta, nel regno dei cieli. Da ciò che ho letto sul tuo blog deve essere stata una bellissima persona. Te la saluterò».

Non mi sentii di ripetergli le solite frasi – "Ma no", "Non è vero", "Presto starai meglio" –, perché nessuno più di lui era al corrente della situazione, e quindi dissi: «Sì, era un angelo anche prima di andarsene. Se la vedi prima di me, dille che le voglio bene, e tu non aver paura, tanto prima o poi, lì, ci finiamo tutti. Quindi, magari, ci rivedremo lì».

5

I chilometri percorsi si accumulavano, ma non la mia stanchezza. Ogni mattina mi svegliavo pieno di energia: la convinzione di dare tutto me stesso con il fine di raccogliere fondi per la ricerca, la profonda voglia di compiere la mia missione fino in fondo e le belle persone che stavo incontrando erano un candido pensiero che allietava il mio spirito e mi rigenerava.

Ma l'altra faccia della medaglia era il velo di tristezza che cercavo con tutte le mie forze di scacciare dalla mia anima. Mi impegnavo a fondo per mantenere un'ottica positiva su tutto, ma spesso non bastava.

La strada di quei giorni era perennemente pianeggiante e scorreva veloce, e a un certo punto, senza quasi rendermene conto, mi ritrovai a circa quattro chilometri dalla mia meta giornaliera: Vaprio d'Adda.

Il sentiero costeggiava un canale dalle acque torbide e profonde. Sembrava non finire mai: più le strade sono dritte, più sembrano infinite.

A un tratto mi fermai ad ammirare dei bei salici, che mi ricordarono il fiume di casa mia. E, mentre osservavo l'acqua che scorreva imperterrita verso valle, ricevetti una telefonata inaspettata.

«Ciao Chris, sono Mattia. Scusa il fiatone, ma stiamo correndo per raggiungerti. Siamo un bel gruppetto e abbiamo una sorpresa per te: ci puoi aspettare davanti alla chiesa di Vaprio? Sappiamo che è l'obiettivo della tua giornata. Arriveremo tra un'oretta circa, ok?»

«Certo» risposi, «vi aspetto volentieri.» E aggiunsi: «Grazie mille, Mattia!».

Alle porte di Vaprio d'Adda notai, sopra a un grigio cavalcavia, una specie di striscione. Avvicinandomi mi resi conto che era un lenzuolo bianco con una scritta blu: "La nostra forza è Marta4kids. Benvenuto Chris!".

Era stato appeso lì da un gruppo di genitori di bimbi malati di fibrosi cistica che mi stavano attendendo per accompagnarmi fino alla meta, e proprio sopra quel cavalcavia pedonale li incontrai.

I malati di fibrosi cistica non dovrebbero stare vicini tra loro, perché alcuni batteri possono trasmettersi velocemente da soggetto a soggetto compromettendo gravemente i loro polmoni. Per questa ragione, le persone che mi stavano aspettando si erano disposte in gruppi distinti. Indossavano tutti la maglietta di Marta4kids e, quando lo notai, ne fui davvero lusingato.

Il primo che incontrai fu Maurizio, un ragazzo di circa vent'anni con dei tubi che, dal naso, scendevano fino a una bombola, che lui trascinava dietro di sé. Mi fermai davanti a lui, che per scherzare disse: «Anche tu da queste parti?».

«Sì» feci, e con un sorriso aggiunsi: «Che bella maglietta indossi, è uguale alla mia. E poi vedo che anche tu hai il tuo personale bagaglio: non vorrai mica rubarmi il lavoro, vero?».

Maurizio sorrise. «È da un po' che devo portarmi in giro questa bombola, perché i miei polmoni non riescono più a fornirmi l'ossigeno di cui ho bisogno. Alla fine, per fortuna, posso ancora fare ciò che voglio: sono persino riuscito a salire questa scalinata! Potrebbe andarmi molto peggio! Ora ti lascio andare, Chris. C'è tanta gente che ti sta aspettando e vuole parlare con te.»

Ci stringemmo la mano e proseguii.

Tra le numerose persone che incontrai lì c'erano Stefania e il piccolo Giosuè, anche lui affetto da questa malattia genetica. Stefania aveva ventiquattro anni, ed era molto bella: piuttosto alta, fisico atletico e grandi occhi verdi. Le prime parole che mi disse furono: «Chris, ho davvero tanta paura per il mio bimbo, e spero davvero che presto possa stare bene. Non ce la faccio a vederlo soffrire. Ti prego, tu che sei informato e che visiti tutti gli ospedali, dammi delle notizie positive per quanto riguarda la ricerca».

«Non ti preoccupare, Stefania, Giosuè è piccolo e la ricerca sta facendo passi da gigante. Vedrai che troveranno una cura. Come sai, negli ultimi dieci anni la vita media dei pazienti è raddoppiata, grazie a nuove medicine e terapie. Stai tranquilla, e cerca di pensare positivo: non serve a nulla continuare a farsi male con dei brutti pensieri.»

«Sai» mi disse Stefania, «eravamo una famiglia felice finché Giosuè non ha manifestato i primi sintomi e, quando gli hanno diagnosticato la malattia, il padre non ce l'ha fatta ad affrontare la realtà di avere un bambino gravemente malato e ci ha lasciati soli. Sono due anni che non lo vedo, sono due anni che non sono felice.»

«Stefania» feci io, «ti parlo per esperienza personale: la vita in un'ora può cambiare, anzi, in un attimo. Ci saranno tante occasioni lungo la tua strada che riempiranno sicuramente il tuo cuore di felicità, ne sono certo. Sei giovane e hai tanto tempo davanti a te.»

Mi guardò negli occhi e, accennando un sorriso, mi abbracciò.

Insieme a tutte le persone incontrate per strada giunsi davanti alla chiesa del paese e ci sedemmo sulle belle gradinate di marmo bianco dell'ingresso. Dopo pochi minuti vedemmo arrivare un'auto rossa, che accostò a pochi metri da noi. Scesero due persone che, sventolando delle bandiere, bloccarono l'intenso traffico.

Poco dopo arrivò un folto gruppo di corridori, che terminarono la loro maratona proprio davanti a noi. In testa a tutti c'era Mattia. Teneva in mano un foglietto di carta umidiccio e stropicciato, che mi consegnò. Era un assegno con le donazioni che avevano raccolto il giorno prima grazie a una maratona di beneficenza chiamata "Corsa dei campanili". Per finire in bellezza avevano deciso di correre per altri venti chilometri e recapitarmi personalmente la donazione.

Mattia mi disse che l'assegno non era intestato perché su internet non avevano trovato i dati fiscali della onlus: avrei potuto compilarlo io senza alcun problema.

Mi stupii del fatto che, pur non conoscendomi, si fidassero di me. Dissi che potevano trasferire quella somma direttamente sul conto bancario di Marta4kids, così da avere la prova che i soldi sarebbero stati destinati veramente al progetto, ma mi risposero che la vera prova erano i miei occhi.

In realtà gli occhi che risplendevano di più, quel giorno, erano i loro. In quelle occasioni, oltre ai ringraziamenti, non c'erano parole che riuscissero a esprimere il profondo senso di stima e apprezzamento che nutrivo nei confronti di quelle bellissime persone: l'unica cosa che aveva senso fare era abbracciarli tutti. E così feci.

Ci sedemmo nuovamente sui gradini della chiesa. Dopo qualche secondo un ragazzo del loro gruppo estrasse dal bagagliaio della sua macchina tre sacchetti del supermercato contenenti delle birre ghiacciate. Dissero che era la bevanda perfetta per idratarsi dopo una corsa. Le bevemmo tutti insieme.

Accompagnato dal tramonto, raccontai alcuni episodi delle prime tappe del viaggio. I ragazzi, tutti seduti accanto a me, mi ascoltavano attentamente, e con mia grande sorpresa notai che Mattia si stava commuovendo.

Mi scusai: non volevo rattristare nessuno, il messaggio che avrei voluto portare era di speranza, non di tristezza.

Manuel, uno dei ragazzi, asciugandosi il viso con un fazzoletto di carta mi rispose che erano lacrime di felicità, perché dalle mie parole traspariva l'idea che ovunque c'è del bene: basta solo dargli la possibilità di farsi vedere.

Incredulo della profondità d'animo di quei giovani ragazzi, pensai che i miei incontri erano tutti frutto di Marta, che da lassù mi assisteva: il giro d'Italia a piedi stava attirando un'infinità di belle persone.

I giorni di viaggio passavano velocemente. Nei dintorni di Milano, in una stradina secondaria non asfaltata, si unì a noi un gruppo di otto ragazzi specializzati in lunghi viaggi a piedi, che si facevano chiamare Atutticoast.

Ben presto si resero conto di essere molto più allenati di gran parte delle persone che mi accompagnavano lungo il mio percorso. Quando incontravo qualcuno che camminava più veloce di me, io non aumentavo mai il passo, al massimo lo diminuivo. Procedevo sempre secondo una regola: la persona con la camminata più lenta decideva il ritmo. Così facendo, il gruppo era sempre omogeneo e compatto.

Ricordo che in alcune tappe andavamo avanti così lentamente che per percorrere venticinque chilometri impiegavamo più di otto ore, ma a me, a dire il vero, del tempo non è mai importato. Ho sempre dato la priorità alle persone che camminavano al mio fianco, anche a costo di far attendere il sindaco che mi aspettava a destinazione per salutarmi o darmi il benvenuto.

I ragazzi di Atutticoast avevano letto sul profilo Facebook di blogdiviaggi alcuni miei post nei quali mi lamentavo del peso dello zaino, e in effetti ogni giorno la mia schiena ne risentiva sempre più. Non capivano come potessi girare l'Italia con uno zaino così grande sulle spalle, ma quando ci salutammo mi dissero di non preoccuparmi, perché avrebbero trovato la soluzione al mio problema.

Ogni notte ero ospite in case diverse, tutti i giorni nuove persone mi aprivano le porte delle loro belle realtà familiari.

A San Pietro all'Olmo, un paesino a ovest di Milano,

venni ospitato dalla famiglia Disanzio. Quando arrivai nella piazza principale, la mamma di due bellissimi bambini mi stava già aspettando da qualche minuto. Dopo il classico saluto con le autorità locali, che mi attendevano sotto la sede del Comune, caricammo il mio zaino nella sua macchina e ci dirigemmo verso casa, dove avrei conosciuto suo marito, Ruggero. Monica era emozionata nel parlarmi, lo si percepiva chiaramente dal tremolio della voce; al contrario i suoi due bambini, Maria e Mirco, rispettivamente di sette e cinque anni, mi riempivano di domande: la mia maglietta aveva attirato la loro attenzione. «Sei Chris?», «Mi piace la maglietta che indossi. Chi è la bella bambina disegnata?», «Dove si trova?», «Perché ha il pancione?».

«Si chiama Marta» risposi, «ed è la mia ragazza.» Dissi così, perché anche dopo mesi dalla sua scomparsa non riuscivo a usare il passato o a definirla in altro modo. «Sto compiendo questo giro a piedi anche per lei» continuai, «perché anche a lei piace aiutare il prossimo. Ha il pancione perché aspetta un bambino di nome Leonardo.»

«Lei dov'è adesso?» chiese Mirco, e aggiunse subito: «Non poteva venire con te?».

«No» risposi, «non poteva accompagnarmi in questo viaggio perché è impegnata a giocare con gli angeli del cielo», e indicai la volta celeste priva di nuvole che ci sovrastava.

«Ah, va bene, ho capito» disse Maria con molta naturalezza, «lei è morta!» Guardandomi con i suoi occhioni vivaci aggiunse: «Chris, quando arriviamo a casa mia hai voglia di giocare un po' con me? Facciamo le bolle di sapone?».

«Certo» le risposi, «a me le bolle di sapone piacciono tantissimo.»

Monica, arrossendo e sentendosi responsabile delle domande dei figli, si scusò.

«Non ti preoccupare» le dissi, «mi piace parlare con i bambini, per me sono l'essenza dell'animo puro del genere umano e le loro domande sono così sincere che è un dovere rispondere. Nelle gioie e nei dolori, fa tutto parte del ciclo della vita che i piccini, senza tristezza, capiscono probabilmente più di noi.»

Guardando quei bambini privi di ogni turbamento e con un costante sorriso stampato sui loro teneri volti, pensai che più passava il tempo, più cose vedevo e credevo di imparare, più mi allontanavo dalla serenità in genere associata alla giovinezza. La semplicità, forse, è la base della felicità.

Dopo circa dieci minuti di auto arrivammo davanti a un alto condominio datato e un po' scolorito, dove Monica, infilando la chiave nella serratura del cancello e aprendolo, mi diede il benvenuto.

La loro casa era composta da una minuscola cucina con un tavolino in legno, cinque vecchie sedie, un piccolo divano usurato e da due minuscole camere da letto. Il bagno era così stretto che neppure lo sportello della doccia riusciva ad aprirsi completamente.

«Vieni» mi disse la piccola Maria, e prendendomi per mano mi portò in una delle due stanze. I suoi lunghi capelli neri erano così leggeri che a ogni suo passo svolazzavano qua e là, mentre la sua manina stringeva il mio indice. Spalancò una porta e disse: «Questa è la tua cameretta, stanotte. Be'» aggiunse, «in realtà è ancora mia e di Mirco, ma stasera è per te e te la prestiamo. Puoi usare i giocattoli che vuoi, ma stai attento a non rovinare i pupazzi di Masha e Orso.»

Rivolgendomi alla madre, che si trovava pochi passi dietro di noi, cercai di rifiutare la generosa offerta: «Monica, non voglio disturbare, posso dormire sul divano, per me va benissimo!».

«Tranquillo, Chris» fece lei, «i bambini dormiranno con noi. A loro piace tanto, e poi il divano è piuttosto scomodo!»

«Credo che il vostro letto non possa essere così grande da ospitare quattro persone» non desistetti. «Davvero, per me il divano va benissimo!»

Con un tono di voce autoritario, che non mi lasciava alcuna scelta, disse: «Chris, dormirai qui. È un onore per me averti tra noi, e voglio che tu stia bene».

Ruggero era in cucina ad aspettarmi, e appena mi vide mi abbracciò. In quel periodo a ogni stretta percepivo inequivocabilmente che quei perfetti estranei mi volevano davvero bene.

Pochi mesi prima ero convinto che certe persone neppure esistessero.

«Ciao Chris» disse Ruggero, «come stanno le gambe? Sarai stanco, immagino. Stasera cucino tutto ciò che desideri. Cosa vuoi mangiare? Sono bravo, sai? Avevo un ristorante, ma la crisi mi ha costretto a chiudere. In ogni caso ci stiamo riprendendo.» Poi, alzando la voce per farsi sentire anche dalla moglie, urlò: «Vero, Monica?».

Un sì convinto arrivò dall'altra stanza.

«Vuoi un bel filetto? Lo vado a comprare? Preferisci del pesce?»

«Non ti preoccupare, Ruggero» risposi. «Mangio ciò che c'è, quello che vuoi.»

«Io sono qui per te, stasera. Dimmi tu cosa preferisci, Chris. Ci tengo, davvero.»

Rivolgendomi ai bambini chiesi: «Qual è il piatto che a voi piace di più, quello che il papà cucina meglio?».

In coro, e con l'enorme entusiasmo che solo i bambini possono avere, mi risposero: «Le polpette!».

Monica, dall'altra stanza, aggiunse: «Sììì! Fai le tue famose polpette!».

Ruggero sorrise e disse: «Le mie polpette sono le più buone del pianeta. Ottima scelta, Christian!».

I bambini, a quelle parole, corsero via estasiati.

Ricordo ancora quella cena, le risate, le storie fantastiche ed entusiasmanti che Ruggero raccontò ai bimbi, e soprattutto il gusto di quelle polpette. Forse erano davvero le più buone del mondo.

Arrivò l'ora di andare a dormire.

Entrai nella stanza dei bambini e socchiusi la porta. Mi coricai sul materasso inferiore del letto a castello, mi coprii con il lenzuolo verde con i trenini disegnati e spensi la luce. Sul soffitto erano state appese centinaia di stelline fluorescenti, che nell'oscurità si illuminarono. In quel momento bussarono alla porta.

Erano Mirco e Maria. Accesero la luce e in un baleno mi raggiunsero, mi abbracciarono e mi regalarono un tenero bacino di buona notte. All'unisono, dall'altra stanza, anche Monica e Ruggero dissero: «Sogni d'oro, Chris».

Risposi con un «Buona notte a tutti, vi voglio bene».

Benché abbia dormito in case di perfetti sconosciuti, non mi sono mai sentito un ospite.

Prima di partire pensavo all'imbarazzo che avrei provato a vivere a stretto contatto con persone che non conoscevo. Temevo, per l'emozione, di non riuscire a essere me stesso.

Non era così.

Dal momento in cui varcavo le porte delle abitazioni di chi mi ospitava entravo automaticamente a far parte di una nuova famiglia.

Quella sera faticai ad addormentarmi. Guardando le stelle sul soffitto pensavo a come sarebbe stata la mia vita insieme al piccolo Leonardo, a Marta; riflettei sul mio futuro e su quella bella famiglia, che ammiravo profondamente. Una lacrima scese sul mio viso, poi un'altra, poi un'altra ancora. Per paura di bagnare il materasso le spalmai con la mano sulle guance.

I miei risvegli, durante i primi mesi di viaggio, furono sempre un po' traumatici. Appena aprivo gli occhi, non riconoscendo subito il luogo in cui mi trovavo, provavo un profondo senso di smarrimento. Erano attimi di vero e proprio panico, ma che fortunatamente duravano solo i secondi necessari per abbandonare il mondo dei sogni e ritornare alla realtà. Tanto più che i miei sogni, in quel periodo, erano spesso sconvolgenti.

I bambini, quella mattina, si fiondarono da me e mi invitarono ad andare a fare la colazione con loro.

Senza attendere alcuna risposta mi presero per mano e mi trascinarono in cucina, dove Ruggero era già indaffarato nella preparazione dei pancake. Erano così buoni che ne mangiai fino a scoppiare: con la marmellata, la Nutella e i frutti di bosco freschi che Monica aveva comprato per l'occasione.

Dopo mezz'ora di abbuffata preparai lo zaino e, con il sorriso stampato in volto, baciai sulla fronte i bambini, abbracciai nuovamente Ruggero e Monica e me ne andai.

In un bar di Magenta ritrovai i ragazzi di Atutticoast.

«Ciao Christian, come stai?» mi dissero. «In questi giorni abbiamo pensato molto a te e alla tua schiena: che ne pensi dell'idea di un carrellino? Ti potrebbe essere di grande aiuto.»

«Ci avevo pensato» risposi, «e ne ho visti anche di molto belli, in alluminio. La mia schiena mi ringrazierebbe. L'unico problema è che costano davvero tanto.»

«E se te lo regalassimo noi?» mi chiesero.

«Vi ringrazio, ma non posso accettare un regalo così importante» li frenai. «Se potete e volete, quei soldi donateli in beneficenza a persone che ne hanno realmente bisogno. Io, che posso camminare, continuerò a portare lo zaino in spalla.»

«Immaginavamo la tua risposta» aggiunse uno del gruppo, «e abbiamo già fatto la donazione, ma per te abbiamo comunque un regalo», e mi indicarono un angolo del bar dove, coperta da un telo rosso, si trovava la mia sorpresa.

Si radunarono in cerchio attorno a me e, scoprendo il telo come alla presentazione di una nuova Ferrari, mi svelarono Rello: una loro invenzione geniale, un carrellino portazaino costruito artigianalmente.

Alla base della loro creazione c'era un comune carrellino, uguale a quelli che usano le vecchiette per portare a casa la spesa.

Ma Rello era stato vistosamente modificato: avevano sostituito l'impugnatura con due bastoncini da nordic walking, che avevano legato al carrellino con due comunissime fascette da elettricista, in modo da rendere la struttura adatta a sopportare le sollecitazioni della strada. I due bastoncini, simili a racchette da sci, erano dotati di una cintura da legare in vita.

Rello non era nuovo, aveva già percorso migliaia di chilometri, e mi dissero che la sua resistenza era stata testata. Quando aggiunsero che era il loro modello top di gamma, scoppiammo tutti a ridere.

Quel carrellino sarebbe diventato il mio fedele compagno di viaggio: con lui avrei condiviso il bello e il cattivo tempo, il caldo e il freddo, i momenti di felicità e quelli di disperazione. Mi avrebbe accompagnato per più di quattromiladuecento chilometri senza lasciarmi mai solo. Certo, fui costretto ad aggiustarlo un paio di volte, ma fortunatamente quei ragazzi mi avevano consegnato anche un kit di riparazione. Ero pronto ad affrontare qualsiasi evenienza.

Nell'Astigiano il meteo peggiorò e il cammino fu reso più difficile da intere giornate di pioggia.

Il lato positivo era che i sentieri, in quella zona, non mancano e avremmo potuto percorrerli in tranquillità, senza la paura di essere investiti: mi sentivo responsabile di tutte le persone che si trovavano con me.

Odiavo profondamente lo smog, il traffico e soprattutto gli automobilisti sbadati che spesso guidavano parlando al telefonino e ci schivavano all'ultimo momento.

Quel giorno imboccammo una mulattiera fangosa che ci avrebbe portato a Quattordio.

Per proteggere le scarpe dall'acqua inventai le "Cambogiane". Il nome esotico, di pura fantasia, rimandava a una semplice tecnica che avevo appreso nel Sudest asiatico: coprire le scarpe con sacchetti del supermercato per poi rivestirle con del nastro adesivo, così da renderle impermeabili e resistenti.

Ognuno di noi adottava uno stile diverso: c'era chi usava il nastro telato grigio che, posizionato nei punti giusti, trasformava le scarpe in stivali lunari; chi, sopra i sacchetti neri, applicava dello scotch bianco, arricchendo così il design delle calzature, e chi, come me, adottava lo stile "casuale" e non si curava molto dei colori dei sacchetti e del nastro; sembra difficile crederlo, ma con questa tecnica riuscivo a realizzare calzature degne di grandi stilisti.

Affrontavamo ogni situazione con il sorriso, e questa era una grande fortuna: non c'era pioggia, tempesta o grandine che potesse in qualche modo spegnere il nostro entusiasmo.

Ma il sostegno maggiore me lo davano le persone che camminavano al mio fianco, e per fortuna non mancarono quasi mai, nemmeno nelle peggiori giornate di pioggia.

Per ben dieci chilometri non incontrammo anima viva. Poi si accostò a noi un'Audi blu, dalla quale scese un uomo in giacca e cravatta. Era Marco Gabusi, il presidente della Provincia di Asti. Incurante del fango e della pioggia, si avvicinò a noi e si complimentò per la nostra impresa. Notai che le sue scarpe eleganti, dopo soli due passi su quella mulattiera, erano già completamente ricoperte di fango, ma lui non sembrava badarvi. Era passato a salutarci e a dirci che era felice che passassimo nei territori astigiani: per il sindaco e l'intera giunta comunale era un grande onore. Ci salutò nuovamente, risalì in auto e se ne andò.

Dopo qualche chilometro ci guardammo: eravamo bagnati come pulcini, infreddoliti, e avevamo finito l'acqua. Ci fermammo sotto un gruppo di alberi per ripararci un po' dalla pioggia e mangiare i panini che avevamo comprato ad Asti. Come per magia, in quel momento apparvero due bottiglie di vodka. Non so bene chi le avesse portate né da che zaino provenissero, ma, a giudicare dallo sguardo di tutti, erano sicuramente ben accette. Un paio di sorsi a testa bastarono per scaldarci, e il terzo, disidratati come eravamo, ci salì un po' alla testa.

Davide mi stava sempre accanto e riprendeva ogni istante della camminata, ogni particolare. Grazie al microfono che avevo costantemente attaccato alla maglietta, inoltre, poteva anche registrare ogni parola che dicevo. Quel giorno, forse aiutati dall'alcol, affrontammo degli argomenti molto profondi con una naturalezza incredibile.

Stavamo camminando, e a un certo punto pensai al grande lavoro che stavano svolgendo Davide e il suo team. Mi sentii in dovere di ringraziarlo.

«Grazie a te» mi disse lui, «che stai compiendo questa grande impresa anche per aiutare me.» Dopo un attimo di silenzio aggiunse: «Chris, vedo che hai gli occhi lucidi: è la vodka o stai pensando a Marta? Guarda che mi accorgo quando lo fai, te lo si legge in fronte! E poi, grazie al microfono, posso ascoltare ogni tua frase, ogni tuo respiro, ogni sbuffo e ogni risata. Ti conosco già molto bene, Chris».

«Sì» risposi, «stavo pensando a Marta. Anche a lei saresti piaciuto, perché avrebbe capito subito che grande persona sei.» Stavano per scendermi alcune lacrime sulle guance e per nasconderle urtai volontariamente il ramo di un albero carico d'acqua. Il mio volto si bagnò. Con nonchalance aggiunsi: «Tu, Davide, sei davvero forte, te lo devo dire. La tua malattia non ti ferma davanti a nulla e ora sei qui con me sotto la pioggia, senza alcuna paura di ammalarti».

Davide fece un sorriso da furbetto. «Chris, intanto volevo dirti che mi sono accorto del trucchetto del ramo, che peraltro hai già usato in un'altra occasione. Ho filmato tutto, non mi scappa niente.»

Non mi ero proprio reso conto che mi avesse beccato.

«In secondo luogo» proseguì, «di cosa potrei mai avere paura? La mia vita sarà sicuramente più breve della tua, tanto vale che la viva fino in fondo.» Rimase qualche secondo in silenzio, poi mi confidò: «La mia più grande paura è quella di rimanere solo. Se mai finirò in un ospedale mi piacerebbe che gli amici mi venissero a trovare spesso, perché io vivo di cose semplici, di rapporti veri, puri. Per questo faccio molta attenzione alle persone, agli amici che mi scelgo, e tu, Chris, sei uno di loro. E c'è un'altra cosa che volevo dirti: mi dispiace molto per ciò che ti è successo, so quanto amavi Marta. E mi dispiace per come ti senti adesso: la vita, con te, è stata spietata e ti ha messo a dura prova. Tutto sommato, però, forse ti può far star meglio sapere che farei volentieri cambio con te».

6

Ai confini con la Liguria tutto cambiò nuovamente: la strada, da pianeggiante, si fece ripida, e sapevo che presto avrei dovuto affrontare dei faticosi sentieri di montagna.

Una mattina mi trovavo a Voltaggio, un bel paesino sull'Appennino Ligure, in provincia di Alessandria. Essendo in un luogo abbastanza isolato, che conta meno di settecento abitanti, mi aspettavo che non ci fossero molte persone ad aspettarmi, e invece mi sbagliavo, come del resto accadeva spesso durante il viaggio: le basse aspettative mi regalavano continuamente belle sorprese.

In piazza, ad attendermi, trovai più di venti persone, tra cui alcuni ragazzi che mi avrebbero seguito per molte altre tappe: Sergio, Fabio, Ilaria, Simona, Freddy, Irene, Carolina, Marco ed Elisa. A loro, ovviamente, bisogna aggiungere il team dei videomaker, composto da Davide e dalla sua ragazza Lesley, da Andrea, detto il Villuz, e da Nicolò, chiamato il Nich.

Davanti alla chiesa, oltre a loro, trovai anche Ivana e Luca, una coppia di ragazzi esperti di Acrobatic Yoga.

Mi chiesero se volevo eseguire un "semplice" esercizio di equilibrio yoga con loro. Non pensando assolutamente che sarebbe potuto essere pericoloso, accettai senza indugio.

Luca si posizionò nel bel mezzo della ripida scalinata che fronteggiava la chiesa, si piegò sulle ginocchia e io, con l'aiuto di Ivana, salii in piedi sulle sue spalle. Rapidamente il mio compagno si alzò.

Dopo qualche istante Ivana lasciò la mia mano, e per alcuni secondi andò tutto bene, finché iniziammo a ondeggiare a destra e sinistra come dei pagliacci in un esilarante spettacolo circense. Diedi un'occhiata al pubblico davanti a me, e riuscii a distinguere chiaramente, nei loro volti, lo stupore. Persino Nich, benché quella potesse essere una scena importante da riprendere, abbassò istintivamente la telecamera.

Per fortuna Ivana si mise alle spalle di Luca e riuscì a darci stabilità sorreggendo la schiena del compagno. Se non fosse stato per lei mi sarei sicuramente schiantato al suolo. Quando toccai di nuovo terra ringraziai il cielo di essere ancora tutto intero: se fossi caduto mi sarei probabilmente rotto qualcosa.

In preda all'adrenalina guardai Luca sbigottito. «Mi è sembrato un numero molto emozionante, ma anche un po' pericoloso, no? Mi sarei potuto rompere la testa!»

«È successo?» fece Luca. «No!» aggiunse subito. «Ti sei divertito? Allora tutto a posto.» E, senza dire altro, saltando quattro gradini con una piroetta e atterrando alla base della scalinata, annunciò: «Signori e signore, lo spettacolo è finito».

Gli spettatori accennarono un applauso svogliato e incredulo. L'espressione, nei loro volti, era quella di chi aveva appena visto qualcosa di sconvolgente.

Con il cuore ancora in gola ci incamminammo lungo uno dei sentieri più duri dell'intero viaggio.

Prima di partire chiesi a tutti se avessero portato acqua in abbondanza, perché il sentiero sarebbe stato lungo. Alcuni annuirono, altri dissero che a loro mezzo litro sarebbe bastato. Anche se idratarsi camminando è molto importante, potevo solo dare dei consigli, non costringerli; tuttavia, per precauzione caricai quattro litri d'acqua nel mio zaino, sapendo che sarebbe finita molto presto.

Percorremmo quella ripida mulattiera per circa dodici chilometri, tra bellissimi boschi di querce e castagni, che dopo un po' lasciarono spazio ad abeti e pini.

La salita era molto impegnativa ma, come sempre, il meno allenato dettava il ritmo e compatti arrivammo stanchi sulla cima della montagna. Per riprenderci un po' dalla fatica ci fermammo in un pascolo. Una mandria di cavalli ci osservava in lontananza. I fiori primaverili riempivano di colore quel prato che si estendeva a perdita d'occhio, mentre delle nuvole leggere, spazzate dal forte vento, sfioravano la cima del Monte delle Figne, per poi precipitare verso la valle sottostante.

Guardai la mappa e mi resi conto che non eravamo neppure a metà del nostro percorso: dovevamo ancora scendere lungo un sentiero serpeggiante fino a raggiungere la valle.

A quel punto si verificarono alcune complicazioni.

La discesa era molto impegnativa e a un tratto Lesley, la ragazza di Davide, stanca e impaurita da alcuni burroni che affiancavano il sentiero, si sedette su un masso e mi chiese di chiamare i soccorsi. Lei, da lì, non si sarebbe mossa.

Mi misi accanto a lei e chiesi al gruppo di fermarsi.

«Tranquilla» cercai di rassicurarla, «non ti preoccupare. Siamo qui, vicino a te, non ti lasciamo sola.» Riempii la borraccia in un rigagnolo che ci scorreva accanto, gliela porsi e le proposi di bagnarsi un po' la fronte, ma senza aspettare risposta gliela svuotai in testa. Certo, la feci un po' arrabbiare, ma anche sorridere.

Presi dalla tasca dello zaino una delle mie armi segrete, che in quei momenti funzionava alla grande: una semplice bustina di zucchero ha il potere di regalare subito un po' di energia.

«Tieni, Lesley» dissi porgendogliela. «Questa ti potrebbe aiutare un pochino.» La invitai ad alzarsi e la presi per mano.

Mentre scendevamo lungo quel sentiero, costituito principalmente da rocce rese scivolose dall'umidità, Lesley mi confessò di odiare tutti gli insetti. Non le piaceva far fatica, detestava la natura.

Dopo poche settimane di camminate in nostra compagnia avrebbe decisamente cambiato idea, e sarebbe diventata una delle persone più temerarie del gruppo. E soprattutto avrebbe iniziato ad apprezzare tutto il verde che lungo il nostro itinerario ci avrebbe circondato. Alla fine del viaggio mi ringraziò per averle insegnato ad apprezzare la bellezza della natura.

In quella valle rischiammo di sbagliare strada. Dovevamo raggiungere Isoverde, un paesino a una ventina di chilometri da Genova, e a un certo punto ci trovammo davanti a un crocevia di mulattiere, stradine non asfaltate e sentieri.

Ci sedemmo per riposarci un po' e decidere quale strada prendere. Eravamo in cerchio e avevamo tutti le teste chine sui telefoni per consultare le mappe offline, quando sentimmo una voce che non apparteneva a nessun membro del nostro gruppo: «Il sentiero per Isoverde è il primo a destra». Alzammo lo sguardo e, stupiti, ci rendemmo conto che quelle parole provenivano da un uomo di circa quarant'anni con una folta barba nera ben curata. Indossava un abbigliamento tecnico sportivo e, sulle spalle, portava un bimbo di circa due anni. Al suo fianco, una ragazza sulla trentina dai lunghissimi capelli castani raccolti in una coda di cavallo.

«Scusate l'intrusione» ci disse. «Io sono Antonio», e indicando la ragazza al suo fianco aggiunse: «Lei è Margherita, e qui dietro c'è il piccolo Francesco. Voi siete i ragazzi di Marta4kids, giusto?». E prima ancora che rispondessimo: «E tu devi essere Christian, vero? Vi abbiamo cercato per un bel po' seguendo la app che indica la vostra posizione, ma il segnale andava e veniva... Comunque il destino ha voluto che vi incontrassimo proprio qui. Vorremmo unirmi a voi, possiamo? Noi veniamo da Isoverde e la strada la conosciamo».

Rispondemmo praticamente in coro, e, anzi, lo ringraziammo per averci raggiunto.

Per tutta risposta aprì lo zainetto di Margherita ed estrasse una scatola da scarpe.

«Abbiamo letto delle tue vesciche, e ti abbiamo portato un regalino che te le farà dimenticare.»

Mi porse la scatola. Erano un paio di scarpe leggerissime da trekking, molto belle. Scoprii più tardi che per la taglia avevano contattato Francesca.

Mi chiesero di provarle e così feci. Erano comodissime.

«Non so come ringraziarvi» dissi. Ancora una volta non riuscivo a trovare delle parole per descrivere ciò che provavo nei loro riguardi. Allora li abbracciai.

Lì, in mezzo al nulla, l'incontro e il regalo di Antonio rigenerarono me e i miei compagni di viaggio. Passo dopo passo, tappa dopo tappa, ci sentivamo sempre più uniti: stavamo compiendo insieme una bellissima impresa.

Guidati da Antonio arrivammo a Isoverde, dove ci infilammo nel primo ristorante e ci rifocillammo fino a notte fonda.

Sapevo che il giorno seguente alcuni miei compagni di viaggio sarebbero dovuti tornare a casa, e la cosa mi preoccupava un po'. Una volta usciti chiesi come avrebbero fatto a tornare indietro. Mi rispose Luca, che era fermo sul ciglio della strada. «I problemi appartengono solo a chi se li fa, Chris. L'importante per me è pensare sempre positivo», e, così dicendo, alzò il pollice per chiedere un passaggio a un'auto che passava di lì, che incredibilmente si fermò.

Luca la raggiunse e aprì la portiera. «Hai visto, Chris?» fece, prima di salire a bordo. «La positività attira altra positività.» Chiuse la portiera, abbassò il finestrino e, sporgendosi con la testa, annunciò: «Tranquilli, ragazzi, vado a casa, salgo in macchina e torno a riprendervi io, arrivo tra un po'».

Lo salutammo con la mano, finché la sagoma dell'auto svanì in lontananza.

Il lungo viaggio continuò verso il Sud: passai per Genova e La Spezia e, al tramonto, arrivai finalmente a Marina di Massa. La prima cosa che feci fu raggiungere la spiaggia. La sognavo da mesi, e anche il solo pensiero di camminare senza scarpe mi dava sollievo. E, soprattutto, dava sollievo ai miei piedi.

In quegli intensi mesi di viaggio avevo perso circa cinque chili, e dopo milleduecentododici chilometri le gambe iniziavano decisamente a lamentarsi.

Il lato positivo fu che la pioggia incessante dell'astigiano e i temporali liguri divennero, da quel momento, un lontano ricordo.

Mi sedetti su una sdraio a strisce bianche e azzurre di un vicino lido, appoggiai lo zaino all'asta dell'ombrellone e mi persi in quel tramonto dalle mille sfumature. Improvvisamente fui assalito dai ricordi di un passato che, seppur recente, mi sembrava lontanissimo.

Lì seduto mi sentii improvvisamente solo, e, forse per richiamare la felicità passata, presi il telefonino e riguardai per l'ennesima volta gli ultimi video che avevo girato con Marta.

Con le mani tra i capelli e le gambe incrociate sopra la sdraio notai che qualcuno si stava avvicinando a me. «Ecco il custode del lido... di sicuro mi chiederà di alzarmi» mormorai a denti stretti. «Chissà perché, poi, non posso stare qui. Che fastidio do?»

E invece l'uomo, quando mi ebbe raggiunto, mi disse: «Ciao, sei Chris, vero? È da un po' che ti cerco. Io mi chiamo Daniele, e domani sera sarai ospite a casa mia. La mia famiglia mi sta aspettando in auto e sono venuto qui solo perché volevo salutarti».

Un po' sorpreso dal fatto che non fosse il custode del lido, gli strinsi la mano ed espressi il desiderio di conoscere la sua famiglia. Lui, un po' stupito ma contento, acconsentì.

Mentre mi incamminavo verso la macchina pensai a quanto mi sarebbe piaciuto avere anch'io una famiglia, qualcuno che mi aspettasse, qualcuno da cui tornare. "Chissà" riflettei poi, "forse da qualche parte mi sta davvero aspettando."

In quel momento mi sentii particolarmente stanco e fui assalito dalle solite domande. "Perché è successo a me?", "Cosa ho fatto di male per meritarmi tutto questo?"

Non potendo darmi alcuna risposta cercai di concentrarmi sul presente, su ciò che stavo facendo: era l'unica tecnica che conoscevo per fuggire dalla negatività.

Poco dopo riallacciai la cintura del mio carrellino e mi rimisi in marcia. A Forte dei Marmi mi stava aspettando Christian, un uomo a dir poco fantastico, che per me aveva organizzato una serata di beneficenza e che mi avrebbe anche accolto al mio ritorno a Bassano.

Christian mi portò in un bar all'aperto, dove trovai ad attendermi molte persone. Descrissi a grandi linee il progetto Marta4kids e divulgai il più possibile quel messaggio di speranza e positività che pochi istanti prima, paradossalmente, avevo dimenticato e che stavo lentamente riacquisendo.

Avevo lo strano potere di autoconvincermi.

A un certo punto Christian mi prese sottobraccio e mi portò in una stradina: aveva una sorpresa per me. Iniziai a sentire una musica medievale e, in fondo a quella stradina, scorsi delle bandiere lanciate per aria. Scoprii presto che erano gli sbandieratori della Contrada del Ponte, tutti vestiti in abiti tradizionali, e che erano venuti a darmi il benvenuto. Tra i presenti ricordo una ragazzina in carrozzina anche lei in abiti tradizionali. A un certo punto si avvicinò e mi regalò uno dei sorrisi più belli che abbia mai ricevuto. La sua grandissima energia rappresentava la forza vitale che ogni essere umano possiede, ma che ogni tanto si dimentica di avere.

Spesso i più deboli sono in realtà i più forti.

Il giorno successivo, lungo la strada per Viareggio, si unì a noi Daniele, l'uomo che avevo conosciuto in spiaggia, insieme a sua moglie chiara e ai suoi bambini, Mia e Mattia. A dire il vero il giorno precedente mi aveva messo un po' a disagio: indossava degli occhiali da sole che gli conferivano un'aria da gradasso, da duro. E continuai a reputarlo tale fino a quando non si tolse gli occhiali, svelando l'intenso azzurro dei suoi occhi, così espressivi da riuscire a comunicare il suo animo gentile solo con uno sguardo. Anche Daniele, lungo il viaggio, sarebbe diventato un mio grande amico. Lo ribattezzammo "Big Daddy", il grande papà.

Durante il percorso incontrai Fabio, un ragazzo affetto da fibrosi cistica. Aveva organizzato un evento di beneficenza per Marta4kids.

Dopo quell'occasione percorremmo insieme parecchi chilometri, lungo i quali mi raccontò della sua malattia. Siamo diventati grandi amici. Diceva di sentirsi fortunato perché aveva già compiuto quarant'anni, che è la vita media dei malati di fibrosi cistica. Sua sorella, anche lei affetta da questa grave patologia, ci aveva già lasciati.

Quella sera mi venne a prendere in macchina per portarmi a Lucca, dove aveva organizzato un'apericena. Per l'evento indossai la mia tuta da ginnastica migliore (tra le due che avevo).

Quando arrivai all'apericena, che si svolgeva in un locale di suoi conoscenti, trovai Fabio sulla porta ad accogliere i nuovi arrivati, e subito mi misi al suo fianco. Fabio sembrava conoscere bene tutte le persone che stavano arrivando. Alla fine mi disse: «Vedi, Chris, sono tutti qui per te».

In realtà erano tutti lì per lui. Per ciò che Fabio era, per tutto quello che riusciva a regalare a chi lo conosceva.

Nei giorni successivi il mio itinerario mi portò a passare per Pisa, Firenze, Empoli, Monteriggioni, Siena, Grosseto e nelle vicinanze di Viterbo. Camminai in direzione Roma con un seguito di circa venticinque persone. In quelle zone i sentieri erano praticamente inesistenti e, per evitare il traffico, ci muovevamo principalmente lungo strade secondarie.

Tra quelle vie periferiche, che sembravano abbandonate e distanti dalla civiltà, l'immondizia era un po' ovunque, e a volte ci capitava di passare di fianco a vere e proprie discariche abusive.

Il caldo sole di luglio sembrava cuocerci a fuoco lento. Verso sera percorremmo un'interminabile stradina piena zeppa di prostitute. Non era certo la prima volta che le incontravamo, ma non mi era mai capitato di incontrarne tante tutte insieme. Le soprannominammo scherzosamente "le zie".

A un certo punto, nel bel mezzo di quella via dello shopping sessuale, si fermò a pochi metri da noi una Mercedes bianca nuova di pacca.

«Ma guarda questo: con tutti i soldi che ha, va pure con le zie» disse qualcuno di noi. «Avrà sicuramente una famiglia che lo aspetta a casa» aggiunse un altro, e aggiungemmo commenti su commenti. Nessuno di noi si risparmiò.

Una prostituta si avvicinò alla Mercedes, ma fu respinta. Poco dopo la portiera dell'auto si aprì e uscì un signore molto distinto, che si diresse a passo spedito verso di noi.

Ci guardammo un po' preoccupati: avevamo paura che quel tizio avesse sentito i nostri commenti e volesse regolare i conti.

«Ciao Chris, sono Mario» mi disse invece. «È da un po' che ti cerco e finalmente ti ho trovato. Volevo complimentarmi con te per il coraggio con il quale hai affrontato la tua perdita e per la forza con la quale sei riuscito a trasformare una tragedia in un gesto d'amore.» Aprì il portafogli e mi consegnò cento euro. «Questi sono per Marta4kids. Volevo darteli di persona, e sono sicuro che sono in buone mani.»

Le prostitute, notando quello scambio di denaro, non so se per scherzo o seriamente, urlarono: «Questa è zona nostra, qui lavoriamo noi!», e ci minacciarono.

Ma il bello doveva ancora venire.

Estrassi dallo zaino il blocchetto delle ricevute, ne compilai una e la consegnai a Mario, che, con un sorriso, risalì in macchina e sgommò via in una nuvola di fumo.

Ogni volta che ricevevo dei soldi era mia abitudine consegnarli alla prima persona che camminava dietro di me. Gli davo anche gli estremi bancari della onlus e gli chiedevo di trasferire la somma direttamente sul conto dell'associazione. Veniva considerato, dalle persone che mi accompagnavano, un bellissimo gesto di fiducia verso il prossimo.

Io mi fidavo molto di chi si trovava con me, anche perché i delinquenti o i malintenzionati non avrebbero perso energie e tempo per accompagnarmi.

E poi garantivo di persona: mi ero impegnato a rimborsare ogni eventuale perdita di denaro dovuta a questo metodo. Di sicuro i sentimenti positivi che quel gesto infondeva valevano più di cinquanta o cento euro.

In più di dieci mesi di viaggio ricevetti sempre tutti i versamenti, e in alcuni casi la cifra venne addirittura duplicata.

Quel giorno consegnai la donazione a Manuel, un uomo alto, robusto, con una folta barba lunga da motociclista. Indossava una camicia di taglia XL, ma che a lui andava stretta.

Le prostitute avevano assistito a tutta la scena e subito tornarono a urlare: «Ehi, bello, se li vuoi spendere, noi siamo a disposizione!».

Manuel le guardò con un sorriso sulle labbra. «Stiamo raccogliendo dei fondi per la lotta contro una malattia genetica. Se volete donare qualcosa anche voi, signore, siete le benvenute!»

Credo che la proposta venne fraintesa, dato che una delle signorine lì presenti si alzò e gridò, in un italiano stentato: «Ammorrre, io ti offro tuto quelo que tu vuoi, sono tuta tua a cinquanta euri!».

Scoppiammo tutti a ridere, e persino le altre prostitute sembravano divertirsi. Quando riprendemmo la nostra marcia, una di loro, con le cosce in bella vista e un reggiseno a balconcino che sosteneva chili di carne, ci augurò buona fortuna. «Che Dio vi benedica, ragazzi.»

In linea di massima, le persone che incontravo erano riconducibili a due categorie ben distinte: chi mi offriva sostegno e cercava di aiutarmi in ogni modo, e chi, invece, di sostegno ne aveva un estremo bisogno e voleva solo scambiare con me qualche parola.

Di persone bisognose di conforto ne incontravo parecchie, e ognuna di loro mi raccontava i propri problemi. Speravano che la mia forza e la mia determinazione potessero aiutarli. Alcune, però, erano così disperate che dai loro occhi traspariva solamente una tristezza infinita.

Molte persone mi chiedevano consigli su come comportarsi in una certa situazione, e spesso su come accettare un lutto.

Alcune mi parlarono per ore della perdita dei propri genitori descrivendomi per filo e per segno le dolorose cure alle quali i loro cari erano stati sottoposti, i momenti drammatici che avevano affrontato e le scene strazianti alle quali avevano assistito.

Per altre, i problemi erano di natura sentimentale: avevano perso la persona che amavano o si sentivano dimenticate o abbandonate.

Ci fu persino chi mi raggiunse per parlare dei propri gravi problemi finanziari; alcuni mi confessarono di aver seriamente pensato di suicidarsi, e altri portavano sui polsi i segni del loro disagio.

Certo, non si possono categorizzare i gradi di sofferenza in base all'episodio che li provoca: alcune persone sono dotate della forza di reagire anche di fronte a gravi difficoltà; altre, invece, per questioni che agli occhi di molti sembrano apparentemente superflue, soffrono tantissimo.

Il grado di dolore non si misura in base all'evento o alla situazione che lo provoca.

Ascoltavo ognuno di loro e cercavo comunque, per quanto mi era possibile, di dispensare consigli su come uscire da quei turbinii di angosce, pozzi profondi nei quali era molto facile perdersi.

Nei primi mesi di viaggio, ogni notte, prima di addormentarmi, rimuginavo su quelle persone e sui loro problemi. A volte soffrivo per loro, mi mancava il respiro, e spesso faticavo ad accogliere nel mio cuore anche le loro sofferenze. Piano piano, però, mi resi conto che quel dolore faceva parte della vita, e riuscii ad accettarlo. Da quel momento in poi, aiutare gli altri significò aiutare anche me stesso ad affrontare il grande percorso della vita.

L'unica cosa che non riuscivo ad accettare era la sofferenza dei bambini.

Lungo la strada per Roma incontrai una giovane coppia che aveva deciso di accompagnarmi per un tratto di strada.

Ormai riuscivo a capire abbastanza bene per quale motivo una persona decideva di cercarmi o di accompagnarmi, e dopo qualche minuto trascorso con quella coppia ebbi la netta sensazione che si stessero trattenendo dal dirmi qualcosa.

Chiesi loro se era tutto ok, e loro mi risposero con un no secchissimo.

A quel punto diedi a Irene alcune istruzioni relative alla via da percorre e chiesi alla coppia di seguirmi in coda al gruppo, dove avrebbero potuto parlarmi con calma.

Giovanni e Lucia erano due ragazzi di circa trent'anni. Lui era un gran bel tipo, abbronzato e muscoloso, con una lunga chioma nera degna di un tarzan mediterraneo; lei aveva dei lineamenti molto dolci, che però contrastavano con la tristezza che si leggeva nei suoi occhi scuri e profondi.

Giovanni riuscì a sussurrarmi poche, essenziali parole, che ricordo a memoria: «Centosessantotto giorni fa il nostro Luca ci ha lasciato, nessuno lo ha potuto salvare. Guarda quanto era bello» disse estraendo il telefonino e mostrandomi le foto di un bel bimbo biondo sorridente.

Sembrava un angioletto.

Le mani di Giovanni tremavano. Osservai attentamente la foto e dissi loro che, anche se fisicamente Luca non c'era più, lo avrebbero potuto comunque trovare tra gli sguardi degli altri bambini. «Luca vive in voi e nei vostri sorrisi. Se potete, vi consiglio di provare a regalargliene almeno uno al giorno.»

«Chris» fece Giovanni, «ciò che dici è vero: io lo sento sempre al mio fianco, sempre tra noi.»

A quelle parole Lucia si voltò verso di me. «Vero, Chris, che Luca è qui con noi? Vero che è con Marta e ci sta guardando?»

«Certo, Lucia, loro ci stanno proteggendo da lassù.»

«Non vedo l'ora di riabbracciarlo» fece Giovanni.

«Vedete» dissi indicando i nostri passi, che, sincronizzati, percorrevano quel polveroso sentiero collinare, «ogni passo ci avvicina ai nostri cari. Il tempo scorre veloce, la vita non è eterna.»

7

Dopo millesettecento chilometri di viaggio varcai le porte di Roma. C'erano trentacinque gradi e un'afa insopportabile.

La calura estiva non era mai riuscita a fermarmi, ma quel giorno feci molta fatica a sopportare la fatica e il sole ustionante, e per la prima volta furono le persone che camminavano con me a dovermi aspettare.

In pochi minuti la mia maglietta, lungo quelle roventi strade asfaltate, divenne completamente fradicia di sudore. Ogni tanto io e i miei compagni ci fermavamo a bere a una fontanella, ma dopo qualche centinaio di metri ci sentivamo di nuovo disidratati ed eravamo costretti a fare un'altra pausa.

In quelle condizioni arrivai in prossimità dell'ospedale pediatrico Bambino Gesù, dove mi stavano già aspettando.

Per rendermi un po' più presentabile approfittai di un parco lì vicino per cambiarmi la maglietta, ma non riuscii a nascondere la sofferenza che, a detta di molti, mi si leggeva in viso.

Davide, preoccupato delle mie condizioni, mi chiese se fossi davvero sicuro di voler visitare l'ospedale. «Chris, non ti ho mai visto così, secondo me ogni tanto dovresti pensare un po' a te stesso.»

Apprezzai molto quelle parole, ma purtroppo anche un solo giorno di ritardo avrebbe compromesso l'intero programma. Non potevo fermarmi.

Stringendo i denti giunsi all'ingresso del Bambino Gesù, dove venni circondato da un gruppo di fotografi e giornalisti, che mi posero le solite domande: "Quante paia di scarpe hai usato?", "Ti manca Marta?", "Pensi di riuscire veramente ad arrivare fino in fondo?".

Mentre rispondevo a quell'"interrogatorio" provai un forte senso di nausea e poco dopo ebbi un capogiro, la vista si offuscò.

Cercai con tutte le forze di non farlo notare e, scortato da stampa e telecamere, raggiunsi miracolosamente il reparto dedicato alla cura della fibrosi cistica e, con la scusa di andare in bagno, provai a riprendermi un po'. Appoggiai gli avambracci al lavandino, alzai la testa e, guardandomi allo specchio, mi resi conto di non avere per niente un bell'aspetto.

Con le mani tremolanti frugai in tasca alla ricerca di una bustina di zucchero, ma non la trovai. Decisi di infilare completamene la testa sotto l'acqua del rubinetto e dopo dieci minuti la situazione sembrò migliorare. In mancanza di salviette mi asciugai i capelli tamponandoli con la carta igienica.

Uscii dal bagno un po' barcollante e mi rituffai nella mischia di dottori, infermieri, giornalisti e genitori dei pazienti che si trovavano lì per sostenermi.

I malati di fibrosi cistica mi raggiunsero in una sala appositamente dedicata al mio arrivo. L'unica cosa che li distingueva dagli altri pazienti era la mascherina che portavano in viso; questa subdola malattia non presenta sintomi evidenti.

Uno di loro si presentò e mi disse: «Christian, vorrei togliermi una curiosità, e scusa in anticipo se te lo chiedo: Marta aveva la fibrosi cistica, vero?».

«No» risposi, «lei non ne era affetta.»

Il ragazzo, sorpreso dalle mie parole, continuò: «Ma allora perché ci stai aiutando?».

«Perché siete dei ragazzi davvero speciali, e tra di voi ci sono molte persone che mi stanno a cuore, compreso te.»

Tra i palloncini bianchi e blu che addobbavano la sala annunciai alla stampa, ma soprattutto ai ragazzi lì presenti, che Marta4kids avrebbe donato sessantamila euro all'Istituto europeo per la ricerca sulla fibrosi cistica diretto da Luigi Maiuri, il quale stava compiendo passi da gigante per migliorare la vita dei pazienti.

Parlai a lungo dell'importanza di sostenere la ricerca e cercai di trasmettere in poche, semplici parole l'ottimismo necessario a mantenere viva la speranza di trovare una cura.

Incitai i ragazzi davanti a me a non affliggersi davanti alle difficoltà – un concetto a cui tenevo molto –, e ribadii l'importanza di praticare molto sport.

Francesca, la mamma di un paziente, mi invitò a visitare la palestra adibita principalmente alla fisioterapia per i ragazzi affetti da fibrosi cistica.

Arrivammo in massa davanti all'ingresso della palestra, ma per non disturbare le attività che in quel momento si stavano svolgendo fummo in pochi a entrare.

Conobbi un ragazzo alto e magro, con lunghi capelli neri, che stava camminando molto lentamente su un tapis roulant. Appena mi vide si fermò e con un gran fiatone mi disse: «Ciao Christian, io sono Daniele. Ti stavo aspettando, sei arrivato presto!».

Il suo sorriso, che esprimeva grande serenità, era un segno tangibile della forza con la quale gran parte dei malati di fibrosi cistica affronta la vita.

«Sì, sono arrivato presto perché ho camminato velocemente» scherzai. «Sto cercando come te di tenermi in forma. Tu come stai?»

Con l'aiuto di un fisioterapista si sedette su una sedia. «Così e così» fece ansimando, «ma non mi lamento, anche se la mia capacità polmonare negli ultimi mesi è molto diminuita. È da tre anni che sono in lista per un trapianto polmonare, ma non perdo la speranza: sono sicuro che prima o poi arriveranno "i ricambi" giusti per me, quelli che mi doneranno forse una nuova vita. Ora come ora faccio molta fatica anche solo a percorrere pochi passi.»

Il fisioterapista e alcuni dottori lo rincuorarono. Uno di loro, posandogli la mano sulla spalla, disse: «Stiamo tutti pregando per questo, ma tanto tu non molli mai, vero?».

Spostandosi i lunghi capelli dal viso, Daniele si voltò verso il dottore dietro di lui. «Ho troppa voglia di ricominciare a correre e di respirare a pieni polmoni l'aria fresca. Io non mollo di certo», e, rivolgendosi a me, aggiunse: «Non farlo neppure tu, Chris! Quanti chilometri ti mancano alla fine del tuo lungo viaggio?».

«Circa duemilacinquecento, ma il mio percorso è comunque facile, dato che non devo fare altro che camminare.»

Il diretto contatto con i malati e la consapevolezza delle loro condizioni accrescevano di giorno in giorno le mie motivazioni: avrei fatto davvero di tutto per aiutarli.

Nell'atrio dell'ospedale incontrai una bambina pallida, molto magra e con un fazzoletto rosso che le copriva la testa. Si fermò davanti a me lasciando la mano della mamma.

Era visibilmente molto malata.

Le sorrisi e le chiesi come si chiamasse.

La mamma vicino a lei le riprese la mano e, scuotendogliela delicatamente, la incitò: «Su, dài, di' al signore come ti chiami».

La bambina rispose dolcemente: «Ciao, mi chiamo Francesca».

In quell'istante il suo sguardo penetrò fin dentro la mia anima.

Per la prima volta dopo mesi ritrovai negli occhi di Francesca quella sensazione d'approvazione e d'amore che solo una persona in tutta la mia vita è riuscita a trasmettermi.

Forse era un messaggio di Marta, pensai.

Il programma della giornata prevedeva di raggiungere il Colosseo: era tempo di muoversi.

Seguito da una trentina di persone, tra i parenti dei malati, i pazienti e i ragazzi che spesso mi accompagnavano, mi rimisi in marcia. Alcuni di loro mi convinsero a deviare dal mio itinerario originale per raggiungere Castel Sant'Angelo, allungando il tragitto. Pensai che un po' di chilometri in più non avrebbero certo fatto alcuna differenza.

Non potevo credere di aver già raggiunto Roma. Pochi mesi prima il solo pensiero di percorrere tutti quei chilometri mi terrorizzava, e invece ora mi sembrava che tutto fosse stato più facile del previsto: molti avrebbero potuto replicare la mia impresa.

In quelle prime ore serali la morsa dell'afa e del caldo stava finalmente allentando la sua presa. Ci fermammo a prendere un gelato e nel giro di pochi minuti arrivammo a ponte Sant'Angelo. A un tratto mi venne incontro un bimbo biondo con la maglietta di Marta4kids, e mi chiese di andare con lui. Acconsentii, e lo seguii per alcuni passi fino al Lungotevere, dove il bimbo si fermò.

In un attimo arrivò tanta altra gente.

"Ma perché si fermano tutti qui?" pensai.

La mia canzone preferita cominciò a risuonare da alcune casse poste ai lati della via, e quattro bimbe di circa dieci anni iniziarono a ballare, coordinate in una bellissima coreografia. Dopo pochi secondi si unirono a loro una ventina di ragazze, tutte con una camicia bianca.

"Che fortuna" pensai tra me e me, "mi trovo nel bel mezzo di un flash mob!" Non ne avevo mai visto uno.

Quando il ritmo della musica iniziò a salire le ballerine si tolsero la camicia e, con mia grande sorpresa, scoprii che indossavano tutte la maglietta di Marta4kids.

Subito dopo, anche quelli che credevo fossero dei semplici passanti lanciarono in aria i vestiti che indossavano per coprire le nostre magliette e si unirono ai ballerini. Alla fine più di cento persone stavano danzando per Marta4kids.

Quando la canzone finì, alcune persone estrassero da diversi sacchetti dei palloncini bianchi e blu e li lasciarono liberi di volare.

Le centinaia di passanti lì presenti rimasero con il naso all'insù finché i palloncini scomparvero nel cielo. Li osservai perdersi tra le nuvole. "Se arriveranno fino in paradiso" pensai, "piaceranno sicuramente al mio piccolo Leonardo."

L'organizzatrice del flash mob si chiamava Ilaria e faceva parte del nostro gruppo di amici-camminatori più affezionati. Senza dirmi nulla aveva organizzato l'evento con alcune amiche, coinvolgendo delle scuole di ballo e le istituzioni.

Come sempre non riuscii a trovare le parole adatte a esprimere la mia grande riconoscenza. Un semplice grazie non mi sembrava abbastanza. Le uniche parole che reputai adeguate furono: «Vi voglio tanto bene, ragazzi, siete fantastici».

Francesca si trovava al mio fianco, tra la folla. A un tratto ricevette una telefonata, e poco dopo un'espressione di incredulità si dipinse sul suo volto: «Nooo, non è possibile!» si mise a urlare. «No, non ci credo!», e chiuse la telefonata in un pianto disperato.

Pensando a una disgrazia riprovai lo shock che provoca il rapido passaggio da una grande felicità allo sgomento più profondo. La guardai, le strinsi gli avambracci e le chiesi se fosse tutto ok. Francesca non riuscì a parlare per alcuni interminabili secondi, durante i quali mi passarono per la mente alcuni tra i ricordi più tragici della mia vita.

Dopo qualche secondo Francesca finalmente disse: «Sono arrivati! Sono arrivati!», e abbracciò un'amica che, al contrario di me, sembrava capire di cosa stesse parlando.

«Sono arrivati cosa?» chiesi.

«I polmoni! Sono arrivati i polmoni per Daniele! Ormai avevamo perso le speranze, erano anni che li aspettavamo e sono arrivati proprio oggi!»

Non mi ero ancora reso conto del tutto della situazione, e Francesca doveva averlo capito:

«Non è successo nulla di brutto, Chris! Smettila di fare quella faccia!» Ancora singhiozzante, ma con il sorriso sulle labbra, aggiunse: «Vedi? È stata Marta! È il suo regalo per noi, è un miracolo!».

Le persone che si trovavano attorno a noi annuirono. Sembravano tutti credere che fosse stato un dono di Dio.

Confuso dalle emozioni che provavo, pensai che forse alcune cose della vita non succedono per caso.

Il giorno successivo partii di buon'ora per godermi un po' di fresco, anche se ero consapevole che con itinerari di venticinque-trenta chilometri non sarei mai riuscito a evitare le ore più calde della giornata.

Alcune strade della periferia romana sembravano vere e proprie discariche, e spesso mi sentivo nauseato dal fetore proveniente dai sacchetti di spazzatura accatastati attorno ai cassonetti. Le strade meno frequentate erano completamente invase dalla vegetazione, che tra un mattone e l'altro della pavimentazione cresceva a dismisura. Alcuni marciapiedi si erano trasformati in bizzarre aree verdi, che espandendosi avevano coperto centinaia di siringhe abbandonate, cucchiaini piegati e sacchetti della spazzatura gettati dai finestrini delle auto. Per non parlare delle immancabili confezioni di medicinali vuote. I top 5? Paracetamolo, condom di ogni tipo, Maalox, Cialis e Viagra.

In alcuni punti, dato che i marciapiedi erano impraticabili, io e i miei compagni fummo obbligati a camminare sulla strada, dove il pericolo di essere investiti era molto più alto.

Fortunatamente, man mano che ci allontanavamo dalla città, le mie preoccupazioni diminuivano e presto ci lasciammo alle spalle l'intenso traffico e lo smog della metropoli.

Pochi giorni dopo mi trovavo a Latina e mi preparavo a raggiungere Terracina, distante circa quaranta chilometri. Il mio seguito si faceva sempre più numeroso, e anche quel giorno, nonostante il caldo, diverse persone decisero di aggregarsi alla compagnia e di condividere con me la fatica.

Dopo aver percorso una ventina di chilometri su bollenti distese d'asfalto notai i primi segni di cedimento tra i miei compagni di viaggio. Conoscevo benissimo i sintomi della stanchezza e della disidratazione, l'effetto che fa sul nostro organismo camminare sotto il sole cocente; l'unica soluzione è fermarsi spesso e bere molta acqua. Così, ogni volta che ci imbattevamo in una zona d'ombra, facevamo una pausa. In una di queste pause notai che una ragazza tremava. Era pallida, e si era appoggiata a un albero per cercare di recuperare le forze. La raggiunsi e, senza dire nulla, estrassi dal mio zaino la borraccia e le bagnai i polsi, le tolsi le scarpe e la invitai a sdraiarsi. Dopo circa mezz'ora cominciò a riprendere colorito. Mi accarezzò e disse: «Grazie per tutto quello che stai facendo per noi».

«Non sapevo che anche tu fossi affetta da fibrosi cistica» feci, sorpreso.

«No, infatti non lo sono» mi rispose.

Quel giorno Luigi, un signore sulla settantina con baffi, barba e capelli bianchi, camminò al mio fianco per un bel po'. La prima frase che mi disse fu: «Le tue scarpe e il tuo zaino non vanno bene, ho davvero tante cose da insegnarti. Vedi» proseguì con aria saccente, «io ho percorso ben quattrocento chilometri lungo il cammino di Santiago, e di esperienza ne ho da vendere».

Tra me e me pensai che io ne avevo già camminati più del quadruplo, ma non dissi nulla.

Mi raccontò delle storielle parecchio romanzate del suo passato da superatleta e denigrò per più di mezz'ora il mio abbigliamento e le mie scarpe.

Dopo qualche chilometro Luigi incominciò a zoppicare, e la situazione peggiorava col passare dei minuti. La sua loquacità sembrava averlo abbandonato, e il caldo non lo stava aiutando.

Ero preoccupato per lui e gli chiesi se avesse portato con sé dell'acqua, dato che non lo avevo mai visto bere. La stava risparmiando per dopo, mi disse. Estrassi una bottiglia da un litro e mezzo con il tappo ancora sigillato e gliela porsi. «Io ne ho tanta e mi pesa, mi aiuteresti a berla?»

«Christian» mi rispose, «io sono stato persino nel deserto e ho passato intere giornate senza bere. Sono abituato al caldo. Se ti dà noia il peso dell'acqua, dalla un po' alle piante e la prossima volta non portarla.»

A due chilometri da Terracina la situazione peggiorò ancora. Luigi, ormai, si trascinava.

«Stai bene?» gli chiesi. «Sei sicuro di voler continuare?»

«Certo» fece lui, un po' offeso.

Di sicuro non potevo costringerlo a fermarsi, e non potevo mica lasciarlo indietro, quindi mi adattai al suo lentissimo passo. Arrivammo a Terracina dopo aver percorso trentanove chilometri sotto il sole estivo. Anche Luigi riuscì a raggiungere la meta e, per la prima volta dopo parecchie ore, mi sorrise.

Il profumo di salsedine che proveniva dalla spiaggia a pochi passi da me fu davvero un benvenuto speciale. Non esitai un secondo di più e mi incamminai subito lungo quel bellissimo lungomare. I proprietari dei lidi e dei ristoranti della via mi aspettavano sulla porta per salutarmi, stringermi la mano e farmi i complimenti. Erano in tantissimi, e anche in quell'occasione tutti indossavano la maglietta della onlus.

I gestori erano stati avvertiti del mio passaggio da Marta, la ragazza che mi avrebbe ospitato quella sera, e che, oltre alla raccolta fondi, aveva studiato nel dettaglio ogni particolare per rendere il mio arrivo a Terracina davvero speciale. Marta, infatti, aveva organizzato un rinfresco in mio onore in un grande lido alla fine di quel bel lungomare. Quando vi arrivai, trovai centinaia di persone ad aspettarmi. Moltissimi mi chiesero di posare per una foto con loro, tanto che si formò persino una fila davanti a me: ognuno aspettava il proprio turno per un ricordo del mio passaggio. Incredulo, pensai che forse mi stavano scambiando per un personaggio famoso.

Senza l'aiuto di persone come Marta il mio viaggio non avrebbe ottenuto gli stessi risultati. Marta4kids non è mai stata l'associazione di una sola persona; Marta4kids è l'energia di chi mi ha aiutato a rendere la onlus così amata e, per molti, così speciale.

Da Terracina, costeggiando il mare, arrivai a Formia. Quando raggiunsi piazza della Vittoria fui accolto da una delegazione dell'amministrazione comunale. Tra i numerosi presenti c'erano anche Valentina, il suo piccolo Francesco, detto "Checco", e il marito Ernesto, la famiglia che mi avrebbe ospitato per un intero weekend. Dopo appena dieci minuti ebbi la sensazione di conoscerli da una vita.

La loro calma, la semplicità e la dolcezza nei confronti del mondo li rendevano speciali.

Valentina ed Ernesto avevano organizzato una mostra benefica in collaborazione con alcuni fotografi del posto. Si sarebbe svolta quella sera stessa. Visitandola, notai che le foto esposte esprimevano grandi emozioni e trattavano tutte il tema del viaggio. Tra una stanza e l'altra Valentina mi intercettò e mi disse: «Potevano mancare le belle foto che hai scattato durante questo tuo bellissimo viaggio?». Mi condusse in un'altra stanza e con il braccio destro mi indicò un'intera parete tappezzata di immagini tratte dalle mie pubblicazioni sui social network.

Vederle lì, tra gli scatti dei professionisti, fu una bellissima sorpresa.

Erano all'incirca le nove e mezzo quando, uscendo dalla mostra, Ernesto mi fece una proposta: «Cri, fa un po' caldo, che ne diresti di un bel bagnetto al chiaro di luna? Il mio piccolo motoscafo è ormeggiato qui vicino, ti piace navigare? I tuoi amici possono accompagnarci, se vuoi».

Non me lo feci ripetere due volte e accettai senza indugio.

Sergio e Simona, due dei miei compagni di viaggio più fedeli, decisero di unirsi a noi, e in pochi minuti raggiungemmo il porto.

Salimmo a bordo ed Ernesto accese il motore. «Ma tu, Cri, la sai portare una barca?»

«Be'» risposi, «non sono un esperto, ma me la cavo.»

«Ah sì?» fece lui. «Ottimo. Allora, ecco le chiavi, è tutta tua.» Si rivolse ai miei compagni di viaggio e annunciò: «Signore e signori, questa sera abbiamo un nuovo capitano!».

Mi allontanai dal porto molto lentamente, forse troppo. Ernesto mi guardò un po' sorpreso. «Ma che, sei in crociera? Se continui così arriviamo domani! Forza, Cri, dai gas!»

Accelerai di colpo, e il motoscafo iniziò a saltellare tra le onde. In quel momento provai una magnifica sensazione di pura libertà, che forse non era troppo condivisa da Sergio e Simona, che, aggrappati ai sedili, mi guardavano con preoccupazione. Invece Ernesto, al mio fianco, se la rideva allegramente.

Una volta al largo assicurammo il motoscafo a una boa. Le luci della costa scintillavano in lontananza. La luna, anche se era quasi piena, non riusciva a illuminare quel mare profondo e un po' inquietante.

Ernesto, con sguardo d'intesa, ci fece un'altra proposta: «Che dite, ci buttiamo?». Non aveva nemmeno finito la frase che già mi stavo spogliando. L'unico un po' contrariato era Sergio. «Ma siamo già arrivati? Dobbiamo proprio buttarci?»

«Sai nuotare, vero?» gli chiesi.

«Certo!» fece lui.

«Allora, se non vuoi essere spinto fuoribordo, buttati con noi!»

Non se lo fece ripetere. Un secondo dopo ci tuffammo tutti insieme, urlando come bambini.

Mi allontanai un po' dalla barca e, mentre me ne stavo a galla con le mani incrociate dietro la testa, mi misi ad ammirare il cielo stellato. Poche volte ne avevo visti di così luminosi. Fu uno spettacolo indimenticabile e per un attimo, in mezzo a quel mare, riprovai la sensazione di pace che avevo perso da tempo.

Il giorno successivo Ernesto mi presentò Nicola, un suo amico ex campione di windsurf. Nicola aveva aperto una scuola, e mi offrì una lezione gratuita. Accettai volentieri. Passare qualche ora di svago, dopo tante fatiche, non poteva che farmi bene. Ma, proprio mentre Nicola mi insegnava le prime fasi della virata, un temporale si abbatté sulla zona.

Ci rifugiammo in uno dei bar della spiaggia, dove parlammo a lungo delle nostre vite. A un certo punto Nicola si confidò: «Ultimamente non mi sento più libero come una volta: ora ho il mio giro d'affari e un po' di soldi, ma cosa me ne faccio dei soldi? Prima giravo il mondo e, anche se ero sempre squattrinato e facevo i lavori più umili, avevo la possibilità di vivere in alcuni tra i luoghi più belli del mondo, come le Hawaii o il Sudafrica. In quei posti da sogno, mentre sfrecciavo con il vento che batteva sulla vela del mio windsurf, mi sentivo libero e felice. Ora, invece, sono solo uno schiavo che rincorre i clienti principalmente per riuscire a pagare le tasse».

Lo guardai senza dire nulla.

«E tu, Christian, ti senti libero?» mi chiese.

Ci pensai per qualche istante e risposi: «Non sono mai stato più libero di adesso».

Valentina ed Ernesto avevano organizzato un aperitivo di beneficenza in una vicina birreria. C'era parecchia gente, e a un certo punto arrivò il momento del mio discorso.

Presi il microfono ed esordii ringraziando il pubblico per la bella accoglienza. In quel momento, non so perché, mi vennero in mente tutti i momenti felici degli ultimi giorni – il surf, il bagno al chiaro di luna, la bella famiglia che mi aveva accolto come un fratello – e ripensai a Marta. Mi mancava terribilmente, a lei sarebbe piaciuto tanto essere lì con me.

A quel punto mi mancarono le parole e mi bloccai.

Qualcuno tra il pubblico urlò "Voce", altri fecero segno di tenere il microfono vicino alla bocca, ma il problema non era l'audio; il problema ero io.

«Scusatemi, sono emozionato» ripresi, ma dopo due parole mi bloccai di nuovo. Dal microfono partì un fischio assordante. Lo posai su un tavolo e mi scusai. Me ne andai. Mi sedetti da solo, con le gambe a penzoloni, sulla banchina di un porticciolo poco distante.

Osservando le barche a vela ondeggiare dolcemente pensai a quanto sarebbe stato bello salpare e andare via, lontano, scappando dai miei pensieri più tristi. Presto, però, mi resi conto che quei pensieri mi avrebbero seguito ovunque.

Dopo pochi minuti mi raggiunse Ernesto. Era preoccupato.

«Mi dispiace molto per quello che è successo» mi scusai. «Ho partecipato ormai a più di un centinaio di eventi, ma è sempre difficile per me parlare in pubblico. Provo sempre grandi emozioni. Perdonami, non volevo rovinare la festa.»

Lui mi guardò con gli occhi lucidi. «Mannaggia a te, le tue poche parole mi hanno colpito e pure commosso: dalla tua voce si avvertiva ciò che stavi provando. Se ti può far piacere, Cri, sappi che vicino a te hai un nuovo amico.»

8

Arrivai da solo nei paesini alla periferia di Napoli. Il mio itinerario mi portava ad attraversare quartieri che, durante la pianificazione del viaggio, alcuni amici mi avevano consigliato di evitare, ma la mia stupida convinzione di non aver nulla da perdere, abbinata alla mia proverbiale testardaggine, riuscivano a farmi arrivare ovunque.

Le strade avevano più buche di un campo pieno di talpe e la gente era costretta a condividere i marciapiedi con vari oggetti abbandonati. C'era davvero di tutto: dai tricicli senza ruote ai passeggini distrutti, dai telai di vecchi motorini bruciati a bancali completamente marci, per non parlare dei divani di ogni stile e foggia, le cui stoffe variopinte donavano colore al panorama.

Più mi avvicinavo a Napoli, più i palazzi si facevano alti e si stringevano attorno a cortili e parcheggi, dove affacciavano centinaia di finestre e balconi brulicanti di vita.

Donne di ogni età, mentre stendevano sui balconi, chiacchieravano allegramente e a gran voce, e, per comunicare, si sporgevano dalle finestre. C'è chi guardava in su, chi in giù, chi a destra e chi a sinistra.

Sembravano tutti impegnati in una specie di stretching mattutino, che soprannominai "Yoga Napoletano".

In un vicolo poco frequentato incrociai dei ragazzi seduti su alcuni bidoni vuoti. Chiacchieravano tra loro fumando uno spinello. Le ruote del mio carrellino saltellavano tra le buche di quel marciapiede. A un tratto uno di quei ragazzi si alzò, mi raggiunse e disse qualcosa in dialetto napoletano.

«Scusa, non ho capito» risposi.

In un attimo venni raggiunto da altri suoi amici.

A una ventina di metri da me, seduto su un divano di vimini completo di cuscini, un uomo sulla sessantina con una camicia di lino sbottonata fino alla pancia mi fissava imperturbabile.

Il giovane si voltò verso quell'uomo vestito di bianco. «*Chistu nun è italiàn*» disse.

«Sì sì» provai a chiarire io, «sono italiano, ma non capisco molto il dialetto napoletano.»

Tutte le teste dei presenti si girarono verso di me. Il ragazzo, puntandomi il dito e aggrottando le sopracciglia, mi minacciò: «E che cazzo stai facendo qui? Chi ti ha mandato?».

«Sto facendo il giro d'Italia a piedi per beneficenza, vorrei raggiungere il centro» risposi.

Il gruppo si strinse sempre più attorno a me. Il ragazzo, sventolando circolarmente il braccio sopra la testa, si mise a sghignazzare: «La beneficenza non esiste, quella la facciamo noi a noi stessi. Che tieni nello zaino?».

A quel punto l'uomo seduto sulla panchina urlò: «Antonio, fai venire il ragazzo qui vicino a me».

Mi tolsi lo zaino e mi sedetti accanto a quell'uomo.

«Perché stai facendo il giro a piedi?» mi chiese.

Raccontai la mia storia per più di venti minuti. Quando ebbi terminato il mio lungo monologo, quell'uomo di poche parole aprì bocca: «Sono Gaetano. Hai fame? Hai sete?». Si rivolse al ragazzo e disse: «Antonio, vai a prendere un panino per il nostro amico. Anzi, faglielo preparare a Maria, che ha la mozzarella di bufala fresca, e portaci due birre ghiacciate, che abbiamo caldo».

Antonio ritornò dopo soli cinque minuti. Gaetano mi porse il panino: «Mangia, mangia, e riposati, che qui al fresco non hai problemi».

Lo ringraziai, ma mentre addentavo il panino pensai: "E se mi vogliono avvelenare per rubarmi tutto?".

Ma la mozzarella di bufala era così buona che al terzo morso non feci più caso a tutte le mie paranoie.

Mentre bevevo la mia birra fresca sentii una flebile voce dirmi: «Ciao, sei Chris?». Era un ragazzo di circa venticinque anni, alto come me, ma magro e ricurvo su se stesso. Pesava sì e no cinquanta chili.

Annuii.

«E questo da dove viene?» chiese Gaetano, attendendo da me una risposta. Io, però, non ne avevo idea.

«Sono Simone» si presentò a Gaetano, «e sono qui perché voglio accompagnare Chris per un po'.»

«Ma vi conoscete?» si stupì lui.

«No» rispose Simone, «l'ho trovato grazie al suo segnale GPS.»

«Pure il GPS hai?» fece Gaetano. «Non è che tieni pure un microfono nascosto, vero?», e scoppiò a ridere fragorosamente. «Vabbè» aggiunse, «vi accompagno io in macchina.»

«In macchina? Io non posso» risposi, «devo andare a piedi!»

«Non offenderlo» mi sussurrò Simone.

«Volete andare a piedi?» domandò Gaetano. «Allora, dato che anche ad Antonio piace camminare, lui verrà con voi.»

Antonio ci guidò tra i vicoli, dove la vita di quartiere brulicava, e, strada facendo, Simone ci disse che anche lui era affetto da fibrosi cistica.

La sua tosse, camminando, si faceva sempre più intensa e insistente.

Ci raccontò dei suoi innumerevoli ricoveri, descrivendoceli con un umorismo che solo i napoletani possiedono: riuscì a trasformare una storia strappalacrime in una buffa commedia.

Il caldo delle prime ore del pomeriggio sembrava pesare molto sulla salute di Simone, che, dopo solo un chilometro di camminata, non aveva più fiato.

Raggiungemmo una piccola piazzetta e ci sedemmo su una panchina all'ombra. Lì, Simone cominciò davvero a preoccuparmi: tossì ininterrottamente per cinque minuti e, in alcuni momenti, sembrava non riuscire a respirare.

Io e Antonio cercavamo di fare del nostro meglio per aiutarlo, ma il volto di Simone si faceva sempre più pallido.

Raccolsi da terra un pezzo di cartone e lo usai come un ventaglio, e il mio pensiero volò ad alcuni miei tragici ricordi.

Improvvisamente, mentre il mio stomaco si contorceva, Simone svenne sulla mia spalla.

Lo facemmo sdraiare sulla panchina. Ero scioccato.

Gli sollevai le gambe e, mentre Antonio lo chiamava a gran voce, guardai l'espressione di beatitudine di quel ragazzo lì disteso. Il sole che filtrava dalle foglie dell'albero sotto il quale ci trovavamo faceva risaltare il preoccupante pallore del suo viso.

"Che cosa ho fatto di male per meritarmi questo?" mi chiesi. "Non voglio vedere un'altra anima andarsene tra le mie braccia."

La testa di Simone si muoveva senza controllo a destra e a sinistra, a seconda degli schiaffetti che Antonio gli dava sulle guance nel tentativo di rianimarlo. D'un tratto Antonio si fermò e disse: «Non sarà mica morto, vero?».

Per alcuni secondi ci guardammo pietrificati, finché, miracolosamente, Simone aprì gli occhi e ricominciò a respirare. Tossiva, ansimava, ma era vivo.

«Simone, che cacchio mi combini» disse Antonio. «Ci hai fatto venire un infarto! Guarda che faccia ha Chris, tra poco sviene pure lui!»

«Come ti senti?» gli chiesi.

«Un po' confuso» fece lui dopo qualche secondo.

Le sue labbra, nel frattempo, erano diventate blu.

Chiamammo subito un'ambulanza, che arrivò dopo pochi minuti. I dottori gli misero la mascherina per l'ossigeno e lo portarono in ospedale per fare degli accertamenti.

Dopo alcune ore ricevetti un SMS: "Caro Chris, sono Simone, e sono felice di averti conosciuto e aver condiviso con te alcuni passi della mia vita. Mi hanno trasmesso una forza immensa. Scusami se ti ho fatto preoccupare. Tu hai già tanto a cui pensare. Ti auguro un buon viaggio, *brother*".

Arrivai a Napoli, dove avrei voluto visitare il centro dedicato alla cura della fibrosi cistica, all'ospedale Federico II, ma il centro, incredibilmente, era chiuso per ferie. Il giorno successivo, quindi, mi imbarcai sul traghetto per Cagliari.

In un solo giorno raggiunsi il centro fibrosi cistica del capoluogo sardo e mi imbarcai di nuovo, questa volta per Palermo. Al mio arrivo, sembrava di essere in Africa, per il caldo che faceva.

A Palermo decisi di rendere indelebile sulla mia pelle la grande avventura che stavo vivendo e mi tatuai le iniziali di Marta4kids: M4K.

Ma quel giorno, dal tatuatore, non ci andai da solo: anche Davide, Lesley, Irene, Villuz e Nich vollero imprimere sulla loro pelle lo stesso tatuaggio. Nei giorni successivi ricevetti foto di Daniele, Fabio, Ilaria, Laura e Chiara, che si erano tatuati le stesse iniziali, e ben presto diverse persone sul web iniziarono a pubblicare immagini del proprio tatuaggio M4K.

In molti credevano a tal punto alla onlus che volevano ricordarsela per tutta la vita.

Da Palermo raggiunsi Enna e infine Messina. Sei settimane di camminata, durante le quali ebbi modo di conoscere molte persone interessanti. Uno degli incontri più curiosi fu quello con Franco Battiato, che ci invitò a casa sua.

Suonammo alla porta di una villa in cima a una collinetta con vista sul mare. Lui venne ad accoglierci personalmente e ci invitò a entrare. «Ciao Chris» disse, «vi stavo aspettando.»

Ci sedemmo in giardino e dopo qualche minuto ci portò a vedere la sua piscina coperta. "Questi artisti sanno essere un po' strani" pensai.

Ci parlò della sua spiritualità e dell'energia che avvertiva nel nostro gruppo. Io gli regalai la maglietta di Marta4kids e lui decise di accompagnarci per un tratto di strada.

Mi imbarcai per Villa San Giovanni: la Calabria mi stava aspettando.

Sul ponte del traghetto guardavo la costa calabrese avvicinarsi. Chiusi gli occhi e mi sentii invadere da un senso di libertà, quella libertà che solo il mare riesce a trasmettere: compiere il giro d'Italia in barca sarebbe stato un bel progetto per il futuro.

Quello stesso giorno raggiunsi a piedi Scilla. Di sera cominciò a piovere, e io mi addormentai ascoltando il vento fischiare. Verso le sei mi svegliai in un bagno di sudore. Mi girava la testa, e quando provai ad alzarmi dovetti aggrapparmi al muro per evitare di cadere. Tremavo, e ogni respiro era una coltellata ai reni. Sentivo lo stomaco annodarsi su se stesso.

Avevo i classici sintomi di una colica renale.

Non era la prima volta che mi capitava e sapevo riconoscerla. Ciononostante decisi di uscire.

Preparai lo zaino e mi sforzai di mangiare qualcosa, ma la nausea me lo impedì. Il tempo, poi, non accennava a migliorare.

Indossai un giubbotto e dei pantaloni impermeabili e uscii. Quel giorno avrei camminato da solo – nessuno si arrischiava ad affrontare il maltempo – e mi bastarono pochi passi per capire che sarebbe stata dura arrivare a destinazione.

La strada per Gioia Tauro era tutta in salita, senza marciapiede. Poco dopo, inoltre, scoppiò un temporale e fui presto costretto a trascinare il mio carrello nell'acqua. Il fianco mi faceva molto male, ma cercavo di non pensarci e di concentrarmi sulla strada. Le auto sfrecciavano a pochi centimetri da me e le curve a gomito complicavano la situazione: per rendermi sempre visibile alle macchine ero spesso costretto a raggiungere il lato opposto della strada. Avevo sete, ma il dolore era così forte che non riuscivo nemmeno a bere. Insomma, la giornata si prospettava davvero brutta.

Dopo qualche minuto mi resi conto che l'acqua stava cominciando a filtrare attraverso il coprizaino. Avevo percorso soltanto cinque chilometri, su un totale di trentacinque, ma non potevo fare altro che fermarmi. Vidi una casa abbandonata e mi sedetti a fatica sotto al portico.

Lì sotto trovò riparo anche un cane randagio. Si fermò di fronte a me e mi lanciò uno sguardo affranto. Presi dallo zaino una confezione di cracker, la scartai e gliela porsi. «Ciao, bello. Tieni, mangia» dissi. «Almeno uno di noi due, almeno per un po', si sentirà meglio.»

Il cane divorò i cracker in un secondo e si sdraiò a un paio di metri da me.

Passai una buona mezz'ora a osservare le auto che mi sfrecciavano davanti sollevando nubi d'acqua e invidiai quelle persone all'asciutto che presto sarebbero arrivate a destinazione.

Io, per raggiungere Gioia Tauro, avrei dovuto camminare per altri trenta chilometri.

"Cosa diavolo mi passava per la mente quando ho deciso di percorrere l'Italia a piedi?" Fu la prima e unica volta che lo pensai.

Più il mio dolore si faceva forte, più mi deprimevo.

Faticavo a compiere alcuni movimenti, non riuscivo nemmeno a rialzarmi. Come tutte le persone che si trovano ad affrontare una situazione difficile, non vedevo alcuna via d'uscita. Alzai la testa al cielo per chiedere aiuto: "Signore, se puoi, per favore, pensa anche a me".

Passò un'altra ora, ma nulla cambiava. Nonostante il dolore e la pioggia, però, dovevo rialzarmi. Avevo ancora troppa strada da fare. Mi feci coraggio e, con molta calma, riuscii a rimettermi in piedi e a incamminarmi.

Ogni cinquecento metri guardavo quanti chilometri mancavano alla destinazione e feci diverse pause. Fu un'esperienza terribile, la meta mi sembrava irraggiungibile. Arrivai a Gioia Tauro verso le sei, stremato.

Non appena varcai la soglia dell'hotel che mi ospitava quella notte tutti si girarono verso di me. Ero in condizioni pietose: stanco, fradicio, sofferente. Potevo capire i loro sguardi, ma stavo così male che non vi feci caso più di tanto.

Mi consegnarono le chiavi e raggiunsi a stento la porta della mia camera: gli ultimi passi sono spesso i più duri.

Speravo che una doccia calda avrebbe alleviato le mie sofferenze, ma mi sbagliavo. Provai a stendermi sul letto, ma mi rialzai subito: da sdraiato il dolore aumentava.

Girai per ore avanti e indietro in quella stanza, stringendo i denti a ogni passo, finché non mi sentii stremato. Mi stesi nuovamente a letto. Sentivo il mio cuore battere debolmente. Non mi ero mai sentito così male. A un tratto la mia vista si offuscò, finché non caddi addormentato.

Mi svegliò un fascio di luce che illuminava un angolo del mio cuscino e, ai miei occhi appena aperti, sembrò quasi un segno divino. In quel momento mi resi conto di stare meglio.

Mi alzai, un po' disorientato, e scostai la tenda dalla finestra. Il mare era bellissimo, e, anzi, mi sembrava di non averne mai visto uno così bello. Osservai una fila di palme che oscillavano debolmente alla forza del vento e aprii la finestra.

Fui investito da una leggera brezza e davanti a quello spettacolo respirai a pieni polmoni.

Ero così felice di sentirmi meglio che tutto, quella mattina, sembrava risplendere di luce propria.

Andai in bagno e, finalmente, riuscii a bere un po' d'acqua senza vomitare.

Riempii la vasca e cercai di rilassarmi. Squillò il telefono.

"Chissà perché suona sempre quando non deve" pensai. "Stavolta, però, non rispondo."

Il telefono continuava a squillare.

Spinto dalla curiosità di scoprire chi era così ostinato da non riagganciare mi asciugai frettolosamente una mano e diedi un'occhiata al display. "Chiamata anonima."

Doveva essere un venditore di qualche compagnia telefonica. Guardai il telefono in segno di sfida e pensai: "Ora mi sentono".

Risposi con un secco "pronto", in modo da non lasciare dubbi sul mio stato d'animo, mi stesi sul letto e avvicinai il cellulare al mio orecchio ancora umido.

«Sì, ciao, Christian?»

Bastarono queste poche parole per farmi capire che il mio interlocutore era argentino, e in un attimo ripensai ai miei amici di un tempo.

A Londra io e Marta avevamo condiviso la casa con alcuni ragazzi provenienti dal Sud America.

Quando ci eravamo trasferiti avevamo scelto con cura i nostri coinquilini. In fondo ci trovavamo a Londra anche per imparare l'inglese, e l'idea di condividere la casa con altri italiani non si adattava molto ai nostri propositi. Cercammo qualche ragazzo madrelingua, ma non trovammo nessuno. Così ne cercammo di altre nazionalità, convinti che in casa si sarebbe comunque parlato inglese. Dopo un breve periodo di ricerche trovammo una ragazza di Bogotá, un ragazzo di Madrid e uno di Buenos Aires.

Il problema era che, all'inizio, nessuno di loro sapeva esprimersi in un inglese decente: decisero quindi di parlarci in spagnolo. Anche se nei primi tempi ci capivamo poco passavamo sempre molto tempo insieme e nel giro di qualche mese io e Marta riuscimmo a imparare lo spagnolo. Alla fine del primo anno passato a Londra ci dissero che lo parlavamo meglio dell'inglese.

Il ragazzo argentino si chiamava Gerardo, e nel mio periodo londinese era stato uno dei miei più grandi amici, il compagno di mille avventure e di tante vacanze. Era stato un mio collega al lavoro e con lui avevo passato tanti momenti di puro svago. Gerardo mi aveva raggiunto persino in Sicilia, pur di percorrere qualche chilometro con me.

Quando ricevetti quella telefonata pensai che fosse lui, ma non ne ero certo, per cui decisi di far finta di nulla e di andare avanti per la mia strada.

Risposi ancora più scocciato di prima: «Sì, sono Christian, chi parla?».

«Sono papa Francesco.»

"Sì, papa Francesco" pensai tra me e me. "Questo è sicuramente Gerardo, che vuol prendermi in giro!"

«Ah sì? Quindi?» risposi. «Come posso aiutarla?»

«Non volevo disturbarti, Christian. Volevo solo dirti che ho ricevuto la tua lettera e che mi è piaciuta molto, soprattutto la parte in cui mi dici che fare del bene aiuta più chi lo fa di chi lo riceve. È tutto bellissimo, Christian.»

Quelle parole mi pietrificarono.

Prima di partire avevo effettivamente scritto una lettera a papa Francesco. Non l'avevo fatta leggere a nessuno, per cui l'unico che poteva conoscerne il contenuto era lui.

Lì, coperto solo con un asciugamano e disteso sul letto, mi resi finalmente conto che stavo parlando davvero con il papa e automaticamente, in segno di rispetto, presi il lenzuolo, me lo misi sulle spalle e mi alzai. "E ora?" pensai. "Come ci si rivolge a un papa?" Le prime parole che mi vennero in mente furono: Sua Eminenza, Vostra Altezza, Vostra Maestà, ma poi, finalmente, trovai la parola giusta:

«Perdonatemi, Santità, se sono stato brusco. È un grandissimo onore parlare con voi.»

«Grazie, Christian, per ciò che stai facendo» disse lui. «Stai percorrendo tutti quei chilometri a piedi come un vero pellegrino. Sei portatore di un messaggio che mi riempie il cuore.»

Guardai il soffitto, poi lo specchio alla mia sinistra, e mi vidi in quell'incredibile situazione: stavo parlando con il papa, e lo stavo facendo con indosso un lenzuolo.

Nella mia vita avevo commesso parecchi errori, non meritavo il privilegio di parlare con lui. «Perdonatemi, Santità, ma io sono un peccatore, e credo di non essere degno della vostra attenzione.»

«Christian» disse lui, «chi di noi è senza peccato?» E, non sentendo alcuna risposta, aggiunse, con tono ironico: «Gli unici che non chiamo sono i santi! Non ti preoccupare, Christian, sto pregando per te. Non devi aver paura, perché la tua stanchezza è solo nelle gambe, che tu controlli molto bene».

Mi asciugai le lacrime che, per l'emozione, mi erano scese sulle guance, e lo ringraziai. «Dove si trova, ora, Marta?» chiesi poi, come un bambino.

«Hai già la risposta a questa domanda» disse il Santo Padre. «Sai dove si trovano gli angeli?»

«In paradiso» risposi, e aggiunsi, senza sapere se fosse giusto rivolgergli queste parole: «Anch'io prego per voi, papa Francesco».

«Grazie, Christian», e riagganciò.

Quel giorno partii in ritardo. Le ginocchia mi tremavano ancora per l'emozione di aver parlato con il papa, ma le sue parole mi avevano donato nuova forza. Dopo un paio di giorni, accompagnato dal mare trasparente, che mi guidava alla scoperta di paesini così belli da sembrare miraggi, arrivai a Filadelfia, dove mi avrebbe ospitato Vincenzo. Calabrese d'origine, Vincenzo abitava in realtà a Vicenza, a pochi chilometri da casa mia, ma aveva deciso di tornare in Calabria nei giorni del mio passaggio, in modo da potermi ospitare nella sua casa natale.

La sua abitazione si trovava in un piccolo borgo di una decina di case, dove viveva anche suo fratello, allevatore e coltivatore di professione.

Insieme a loro mi sentii nuovamente in famiglia: la sera prepararono una grigliata con la carne dei loro animali e mi fecero assaggiare la 'nduja fatta in casa. Poi intonarono dei canti, accompagnati dalla fisarmonica: quella full immersion nella cultura locale mi fece sentire davvero ben accolto.

Prima di andare a dormire ringraziai Vincenzo per tutto ciò che aveva fatto per me. Lui si confidò: «Christian, una volta non ero una persona di buon cuore, ma ora sono cambiato e sono felice».

«Che cosa ti ha fatto cambiare, Vincenzo?» chiesi incuriosito.

«Il cuore» mi rispose, «il cuore di un'altra persona. Il mio non funzionava bene e me ne hanno trapiantato uno nuovo. Da quel momento mi sono sentito diverso e ho iniziato a vedere le cose in modo più positivo, ad affrontare la vita come ora credo sia giusto fare: vivendola al massimo.»

Dopo alcuni giorni di cammino arrivai a Lamezia Terme, dove visitai l'ospedale Giovanni Paolo II e il centro dedicato alla cura della fibrosi cistica.

In sala stampa incontrai Stefania, una delle pazienti. I suoi lunghi capelli neri incorniciavano un viso dolce.

«Sai» mi disse Stefania, «la fibrosi non mi ferma, anzi, non mi fa paura. Io continuo ad allenarmi e a nuotare: l'acqua è il mio ambiente e voglio diventare una nuotatrice competitiva a livello agonistico. Tu pensi sia possibile?»

«Io credo tu ci debba provare: la forza di volontà ci aiuta a fare tutto ciò che vogliamo. O almeno, per me è così.»

«Sì, hai ragione» rispose Stefania. «E credo che tu sia la dimostrazione vivente di ciò che dici. Il problema è che mi ricoverano spesso e io qui, a dire la verità, mi annoio parecchio. Ma non sono questi i veri problemi, giusto?»

Quel giorno, in ospedale, ci fu una specie di conferenza stampa. Dopo che ebbi introdotto il progetto di Marta4kids prese la parola Michela, una ragazza affetta da fibrosi cistica che mi aveva accompagnato nella tappa del giorno precedente.

La mascherina che portava davanti alla bocca metteva in risalto i suoi grandi occhi molto espressivi, che non dimenticherò mai.

Esordì dicendo: «Volevo parlarvi un attimo di Marta4kids. Ho camminato insieme ai ragazzi di Marta4kids per parecchi chilometri, sotto il sole, e pensavo davvero che non ce l'avrei fatta, ma l'energia che hanno queste persone è così contagiosa che con loro nulla sembra impossibile. Pensate: abbiamo pure ballato la tarantella, e quello è stato uno dei giorni più belli della mia vita!».

Fui colpito, in particolare, da una sua frase: «La fibrosi cistica mi ha insegnato tante cose, e se avessi la possibilità di rinascere con o senza questa malattia, rinascerei come sono ora, perché alcune cose si possono capire solamente provandole, e io sono felice di quello che sono».

9

Dopo tanti chilometri e innumerevoli incontri istituzionali avevo perso la pazienza: l'atteggiamento dei sindaci nei confronti di Marta4kids era diventato inaccettabile.

Molti di loro, come delle reginette a un ballo, non volevano neppure scomodarsi e pretendevano che li raggiungessimo direttamente in Comune, dove sistematicamente chiamavano i giornalisti per pavoneggiarsi con la classica foto di rito con me.

La maggior parte di quelli che ho incontrato non avevano la minima intenzione di fare una donazione a Marta4kids. E allora perché avrei dovuto aiutarli a farsi pubblicità?

Come dicono a Napoli, *Ccà nisciuno è fesso*, e dunque, dopo aver maturato una certa esperienza in materia di incontri istituzionali, avevo elaborato un piano d'azione per far elargire un po' di denaro a questi furbetti.

Spesso, al classico incontro con le autorità locali, venivo accompagnato dalle telecamere di Davide. I sindaci erano ben felici di accoglierle, perché in questo modo potevano farsi pubblicità associando la loro immagine alla beneficenza.

Ebbene, la telecamera si rivelò una delle mie armi migliori.

La prima parte della strategia prevedeva un'opera di sensibilizzazione delle autorità: parlavo di quanto fosse importante donare e di quanto quei soldi avrebbero potuto aiutare la ricerca. Tutti annuivano, nessuno donava.

Parte due: andare dritto al punto.

Terminata la prima parte mi rivolgevo direttamente alle autorità. Il discorso era più o meno sempre lo stesso. Dopo averli ringraziati per l'accoglienza dicevo: «Signor sindaco, noi di Marta4kids abbiamo chiesto un contributo a tutti i sindaci che hanno voluto darci il loro benvenuto, e ora lo chiediamo anche a lei».

A quel punto i sindaci ci rispondevano sempre che le casse del Comune erano vuote e non potevano permettersi di fare alcuna donazione. In ogni caso ci tenevano a farci sapere che stavamo facendo una cosa bellissima.

Avevo la risposta pronta: «Sì, lo so, la crisi ha colpito duramente tutta l'Italia, ma noi non stiamo chiedendo soldi al Comune, bensì direttamente a lei, signor sindaco».

La risposta più frequente? «Assolutamente sì: vi farò un bonifico sul conto corrente di Marta4kids.»

Promesse di questo genere ne ricevemmo fin troppe. Dopo un po', per essere sicuri che quei soldi venissero effettivamente donati, elaborammo la terza parte del piano: le telecamere si abbassavano e io pronunciavo la fatidica frase: «I ragazzi stanno girando un documentario: sarebbe bello riprendere il momento in cui lei effettua una donazione, magari accompagnata da una bella stretta di mano. Che ne dice?».

Nel 90 per cento dei casi ci chiedevano: «E gli altri sindaci quanto hanno donato?».

«Non certo cifre esorbitanti» rispondevo. «Il sindaco del paese qui vicino ci ha dato cento euro.»

Da quel momento in poi le telecamere ricominciavano a filmare. A quel punto una ragazza del nostro gruppo si avvicinava al sindaco con il blocchetto delle ricevute in mano e diceva: «Quanto vuole donare? Scrivo cento?».

Le telecamere si avvicinavano al sindaco, in modo da fargli sentire la pressione mediatica. Titubante e incastrato dalla nostra strategia, per non far brutta figura, diceva: «Certo, cento euro è il minimo che io possa donare».

Se non fosse stato per un fine benefico non sarei mai riuscito a essere così spudorato, ma la ricerca sulla fibrosi aveva bisogno di fondi e noi eravamo determinati a raccoglierne il più possibile.

Con l'inverno alle porte il freddo iniziava a farsi sentire, ma non era questo il problema più grande. Gli innumerevoli incontri e il continuo sostegno che cercavo di dispensare a tutti coloro che lo cercavano mi aveva stancato così tanto che a volte non riuscivo neppure a pensare.

A complicare le cose ci furono le tappe in Molise, incredibilmente faticose.

Il mio più grande desiderio in quelle giornate molto dure era di camminare un po' da solo. Ne avevo un estremo bisogno, e arrivai al punto di spegnere il GPS per non farmi trovare da nessuno. Pensai che una settimana in solitaria mi avrebbe aiutato a ritrovare un po' di energia.

Camminai lungo un sentiero montano per decine di chilometri, ascoltando il rumore dei miei passi, odorando il profumo di muschio del sottobosco e osservando la vita degli animali che spesso incrociavo: cinghiali, caprioli, conigli e istrici mi facevano compagnia in quelle mulattiere isolate e nascoste.

Solo in mezzo al nulla potevo ritrovare serenità e ottimismo, anche se ben presto mi resi conto che la solitudine non mi aiutava come pensavo.

Ai confini con l'Abruzzo intrapresi uno degli itinerari più duri del viaggio. Quella settimana aveva piovuto parecchio e le ruote del mio carrellino saltellavano continuamente tra sassi e radici. Dopo due ore di marcia il sentiero si trasformò in un'ininterrotta pozza di fango, nella quale immergevo continuamente i miei passi. Alcuni chilometri più tardi il sentiero ritornò praticabile e finalmente mi presi una pausa. Ma mentre versavo dell'acqua su scarpe e calzini per ripulirli un po' dal fango, mi sembrò di sentire la terra tremare.

Appoggiai entrambe le mani per terra, tra il muschio, ed ecco una nuova scossa.

"Pure il terremoto ci si mette" pensai tra me e me.

Arrivai in una radura e vidi un cartello appeso a un albero: "Proprietà privata". "E me lo dicono adesso?" pensai. "Dopo dieci chilometri percorsi tra fango e salite dovrei tornare indietro?" Decisi di proseguire.

Mi fermai in un boschetto a mangiare, ma non feci in tempo a estrarre il mio pranzo dallo zaino che sentii un boato, e le orecchie iniziarono a fischiare. Mi guardai intorno e vidi un uomo con pantaloni e giacca mimetica che, puntandomi addosso un fucile ancora fumante, mi minacciò: «Cosa fai a casa mia? Il primo sparo era d'avvertimento, ma al secondo miro al cuore».

Alzai le mani e risposi: «Sto facendo il giro d'Italia a piedi per beneficenza, scusi l'intrusione».

«E cosa ci fai qui?» disse l'uomo.

«Sto seguendo il sentiero riportato sulla mappa» risposi.

L'uomo aggrottò le sopracciglia e i suoi occhi si fecero piccoli. «Adesso torni da dove sei venuto: questa è casa mia, è proprietà privata, e tu l'hai oltrepassata senza alcun permesso.»

«È stata dura arrivare fin qui» cercai di difendermi, «non ce la faccio a tornare indietro. Per favore, mi lasci passare.»

L'uomo mi guardò attentamente e a un certo punto si illuminò: «Ma tu sei quel ragazzo del telegiornale? Quello che cammina per tutt'Italia?».

«Sì» risposi.

«E non potevi dirmelo prima?»

«Prima che mi sparasse, intende?»

«Come facevo a sapere che non eri un ladro? Comunque ho sparato in aria, non ti preoccupare» si giustificò l'uomo.

Che cosa avrei potuto rubare in un bosco, solo lui lo può sapere.

Alle quattro mi trovavo a metà del mio itinerario giornaliero, quando in un paesino di poche case incontrai Sabrina e Giulio.

«Il mio sistema di rilevazione è offline: come avete fatto a trovarmi senza la posizione GPS?» chiesi alla giovane coppia di ragazzi.

«Abbiamo seguito i tuoi ultimi spostamenti» disse Giulio, «ed era praticamente ovvio che prima o poi saresti passato proprio davanti a casa nostra.» Indicò una villetta a schiera poco distante e aggiunse: «Io vorrei accompagnarti per un po'. Non so se Sabrina se la sente, visto che aspettiamo un bambino. Tu cosa fai?» fece rivolgendosi a lei.

Accarezzandosi il pancione Sabrina rispose: «Io e il piccolo ci riposiamo un po'. Voi andate, ma tenete il telefono acceso!».

Seguendo la mappa imboccammo un sentiero dietro a un tornante e poco dopo ci fermammo davanti a un bivio. Guardai Giulio. «Dovremmo andare a destra.»

«Sei sicuro?» mi chiese.

«Certo!» E sorridendogli aggiunsi: «Finora le mappe non mi hanno mai tradito!».

«Io sono del posto, e ti consiglio di proseguire verso sinistra. Conosco la strada, è una specie di scorciatoia. Ti accompagno» mi propose lui.

L'esperienza mi aveva insegnato a seguire passo passo le mappe, ma il ragazzo sembrava così convinto che accettai di seguirlo.

Camminammo per chilometri su una ripida mulattiera, poi scendemmo lungo un sentiero molto scosceso, che terminò in una stretta valle. Un fiume ci bloccava il passaggio.

Guardando il corso d'acqua, rigonfio dopo le piogge degli ultimi giorni, Giulio si fece incerto: «Questo posto non mi dice granché: al secondo bivio avremmo dovuto girare a destra? O forse al terzo?».

A quel punto capii che Giulio non aveva le idee molto chiare. Consultando il GPS scoprii che eravamo completamente fuori strada: avevamo allungato il percorso di una decina di chilometri: il paese di Martinsicuro, la mia meta giornaliera, si trovava nella direzione opposta.

"Indietro non si torna" pensai e, togliendomi scarpe e calzini, iniziai a guadare il corso d'acqua.

Dalla riva il fiume non sembrava profondo, e invece dopo pochi passi l'acqua gelida mi arrivava già alla vita. Lottai contro la corrente, attento a non far cadere in acqua il mio zaino, che reggevo in alto tra le mani, appoggiandolo alla mia testa. Quando ebbi raggiunto la riva opposta gridai:

«Giulio, tu che fai?»

«Porca cagna» mi rispose, «l'acqua è alta!»

«Sì, ma non ti preoccupare: tu torna indietro, io posso proseguire da solo!»

«Col cavolo! Non sarà un fiumiciattolo a fermarmi, Chris. Vengo con te!» Così dicendo iniziò la sua traversata, ma, arrivato al punto critico, dove l'acqua era più profonda e la corrente più impetuosa, perse l'equilibrio e la corrente iniziò a trascinarlo via.

Mi tuffai in acqua e, nuotando il più velocemente possibile, lo raggiunsi. Eravamo finiti venti metri più a valle.

Ci trascinammo a riva e ci sedemmo sulla radice di un grosso albero. A quel punto, però, la terra sotto di noi prese a sussultare un'altra volta.

Ci guardammo dritti negli occhi e, senza dire nulla, scoppiammo a ridere in modo isterico. Era il nostro modo di scacciare la paura e riacquisire un po' di equilibrio.

Quando tornammo seri gli dissi: «Giulio, hai del fango spalmato sulla guancia».

«Be', neppure tu sei un fiore» ribatté lui. Poi guardò il suo zaino, dove aveva legato le scarpe, e aggiunse: «Merda, ne ho persa una nel fiume».

«Tranquillo, ho scarpe e vestiti asciutti per tutti e due!» Alzandomi in piedi, però, scivolai su una pietra e caddi a terra, sbattendo con violenza il ginocchio.

Sentii un dolore tremendo, e i nervi mi cedettero. «Non

ce la faccio più!» gridai. «Io rimango qui! Sono stanco di tutto, basta! Il mio viaggio finisce oggi, termina qui!»

Giulio mi si avvicinò con fare minaccioso: «Senti, bello» mi disse, «non credere di essere l'unico ad avere o aver avuto problemi, quindi alza il tuo culo congelato da terra e andiamo, che è tardi e c'è pure il terremoto».

Ancora dolorante risposi, come un bambino: «No, io resto qui».

«Allora vuoi proprio che ti tiri due schiaffi per risvegliare i tuoi neuroni assopiti?»

Dopo qualche minuto provai a rimettermi in piedi. Il dolore era cessato e sembrava che al ginocchio non fosse successo niente di particolarmente grave. Ci rimettemmo in marcia. Arrivammo verso mezzanotte.

Fu una giornata interminabile.

Le sera successiva fui ospite di un albergatore della zona. In quel periodo la struttura era chiusa per ristrutturazione, mi disse, ma avrebbe mandato qualcuno ad accogliermi.

Quando arrivai, vero sera, vidi l'albergo spuntare tra la nebbia. Bussai più volte alla porta, ma nessuno venne ad aprirmi. Chiamai il numero di telefono che mi avevano lasciato, ma era sempre occupato.

Ero distrutto, e non avevo intenzione di tornare indietro, né tantomeno di proseguire. Mi sedetti sui gradini dell'ingresso e mi misi ad aspettare. Dopo più di un'ora arrivò un uomo con una camicia a quadretti rossi e neri e un paio di jeans sporchi di terra. Era alto circa un metro e cinquanta e, mentre mi scrutava dalla testa ai piedi con sguardo ammiccante, notai l'espressione del suo volto, davvero poco rassicurante.

«Ciao, sei Chris, vero? Io sono Giuseppe. Ti stavo aspettando, il boss mi ha detto che saresti arrivato.»

"Dove mi stava aspettando, io non lo so" pensai tra me e me, ma per non essere scortese non dissi nulla.

Aprì la porta e mi indicò delle scale: la mia stanza si trovava ai piani superiori. Iniziai a salire i gradini, ma dopo un attimo Giuseppe mi toccò il sedere.

Mi girai e mi limitai a dire: «Allora? Che fai?».

Quell'albergo era agghiacciante: le porte erano tutte uguali e senza numeri, e sembravano provenire dal set di un film dell'orrore. In più faceva un freddo cane e non c'era nessuno.

Davanti alla mia camera ringraziai Giuseppe e chiusi la porta. La stanza, però, non aveva la chiave. Per scaldarmi un po' mi infilai sotto la doccia, ma in quel momento, e senza bussare, entrò Giuseppe. Questa volta era accompagnato da un suo collega molto alto e muscoloso, che disse di chiamarsi Andrei.

Giuseppe si piazzò davanti alla doccia. Gli chiesi che cosa voleva e se potevo essere lasciato in pace, ma sembrò non ascoltarmi. Andrei era appoggiato davanti alla porta della stanza e si godeva la scena con un sorriso stupido sulle labbra.

Mentre mi vestivo Giuseppe si avvicinò nuovamente e cercò di toccarmi, ma in quel momento persi la pazienza e, urlando, lo spedii con forza fuori, contro il suo amico, e li costrinsi a uscire dalla stanza.

Giuseppe sbatté forte le ciglia e disse: «Che caratterino che hai, Christian!».

Mi stesi sul letto. Non volevo più rivedere quei due ma, preso dai morsi della fame, scesi in cucina. Mi stavano aspettando.

«Allora, Chris, ti senti meglio dopo la doccia? Ti abbiamo preparato qualcosa da mangiare» fece Giuseppe.

Stavano guardando un programma di Gerry Scotti. Mi sedetti accanto a loro. Mi offrirono un piatto di pasta, che divorai. Quando ebbi finito, però, Giuseppe mi disse: «Era buona? L'ho preparata con i funghi che Andrei e io abbiamo raccolto ieri. Ci hanno insegnato quali prendere solo la settimana scorsa!».

«Vuoi dire che non eravate mai andati a funghi, prima? Li avete fatti vedere a qualcuno?»

«No» disse Andrei con il suo forte accento straniero. «E in Romania è buona educazione, quando ti invitano a casa di qualcuno, mangiare tutto e fare i complimenti» aggiunse. Così dicendo mi versò un bicchiere di vino. Loro, però, non ne presero. Ebbi paura che avessero drogato il vino, quindi gli porsi il bicchiere e dissi: «Tieni, Andrei. Secondo un'usanza della mia città è buona educazione bere per primi il vino che si offre».

Andrei non bevve. Lo chiesi anche a Giuseppe, ma lui mi disse di essere "quasi" astemio. A quel punto non bevvi nemmeno io.

Ritornai in stanza con il timore che Giuseppe e Andrei mi avessero avvelenato con i funghi. Per sicurezza bloccai la porta con una sedia. Ma come avevo previsto, i due ritornarono a farmi visita.

Verso mezzanotte sentii infatti che cercavano di aprire la porta, ma quando si resero conto che era bloccata mi chiesero: «Perché la porta non si apre? Siamo venuti per vedere un bel filmino tutti e tre insieme. Ci apri?».

«Senti, Giuseppe, sono stanco e voglio dormire. Per favore, lasciatemi riposare.»

I due cercarono nuovamente di aprire la porta, ma per

fortuna non ci riuscirono e dopo alcuni minuti se ne andarono.

La mattina successiva mi svegliai di buon'ora, scrissi un biglietto di ringraziamento e, senza fare colazione, uscii. Venni però intercettato da Giuseppe, che ritornò un'altra volta alla carica. Cercò infatti di infilarmi una mano tra le gambe, ma riuscii a prevedere i suoi movimenti, gli strinsi il polso e scacciai la sua mano invadente.

«Me ne vado, ragazzi, grazie di tutto.»

«Hai per caso paura di noi?» mi domandò Andrei. «Sai, qui tra i monti ci si arrangia come si può. Se vuoi ti accompagniamo noi in macchina.»

Rabbrividii a quel pensiero. Tuttavia li ringraziai ancora, e mi inerpicai lungo una strada. Volevo andarmene il più in fretta possibile da lì.

Arrivarono l'inverno e il Natale, che avrei passato a Pesaro. Ero convinto di trascorrere le festività da solo, ma non fu così. Venni raggiunto dall'intera famiglia di Marta: Antonella, Giampiero, Francesca e Fabio, ai quali si unirono anche i loro zii, le loro zie e i cugini. Poco dopo arrivò anche mia madre Silla, che mi era sempre stata vicina e che mi aveva costantemente sostenuto lungo tutto il viaggio, e infine mi raggiunsero anche mia sorella Laura e i miei compagni di viaggio Davide e Lesley.

Fu una bellissima sorpresa.

Alla vigilia di Natale decidemmo di fare una passeggiata tutti insieme sul lungomare. Il pallido sole di dicembre illuminava la battigia e risplendeva sull'acqua. La madre di Marta, che camminava accanto a me, era stranamente silenziosa. Avevo capito che c'era qualcosa di strano, e presto avrei capito cosa.

A un certo punto mi prese sottobraccio. «Sai che Giampiero non si è sentito per niente bene, ultimamente?» mi disse. «Non riusciva ad alzarsi dal letto e a volte addirittura si trascinava. Gli hanno fatto una TAC e ciò che hanno trovato non è molto bello.»

Giampiero, a pochi metri di distanza da noi, mi guardava con i suoi occhi "azzurro Marta", molto più preoccupato per come avrei reagito io che per la sua salute.

«Che cosa hanno trovato?» chiesi.

«Una massa anomala nel cervello» mi rispose. «Tu però non ti devi allarmare, Christian, perché forse non è grave come potrebbe sembrare: ci sono diversi tipi di tumori, e questo è forse il meno preoccupante. Una delle possibili cause scatenanti, così mi hanno detto i dottori, potrebbe essere stato il forte dolore della perdita.» A quel punto Antonella invitò Giampiero a raggiungerci. Accarezzò i suoi morbidi capelli bianchi e aggiunse: «Con molta probabilità si dovrà operare, ma noi non abbiamo paura. Vero, Giampiero?».

Il padre di Marta, che fino a quel momento era rimasto in silenzio, pensieroso, alzò lo sguardo e disse, semplicemente: «Mi raccomando, Christian, riguardati».

«Io?» risposi. «Quello che si deve riguardare sei tu!»

«Vedi, Christian» riprese Antonella, «come ci insegna Marta, è necessario affrontare tutto con un sorriso. È il sorriso che la rendeva unica, è un sorriso quello che ha sempre preteso da noi.» Rimase qualche istante in silenzio, poi disse: «Non so come spiegartelo, e non è certo la prima volta che te lo dico, ma io sento Marta vicina a me, è come se fosse sempre qui al mio fianco. Quando nei momenti di difficoltà qualcuno mi chiede come va e io gli rispondo con un sorriso, a volte mi vergogno un po', perché forse pensano che sia insensibile o completamente pazza».

«Io non lo penso affatto» rassicurai Antonella. «Non si può fraintendere la grande forza che trasmetti a tutti. Ogni volta che ti ascolto mi sembra di parlare con lei.»

"È proprio vero: a soffrire sono sempre i migliori. Ma perché proprio Giampiero?" mi ritrovai a pensare poco dopo. "Che cosa ha fatto di male per meritarsi altre sofferenze?" Mi ero ripromesso di non ripiombare più in questi pensieri negativi, ma a volte era davvero difficile evitarlo.

La vita non fa distinzioni e spesso, purtroppo, è ingiusta.

L'itinerario proseguì verso il mio Veneto. Non ero ormai molto distante da casa, ma gli ultimi giorni di viaggio furono sicuramente i più lunghi. Faceva molto freddo e il vento non mi dava un secondo di pace. Fortunatamente, più la temperatura si abbassava più il ritmo della mia camminata aumentava. In alcuni momenti, in quei giorni, mi ritrovai praticamente a correre. Era davvero dura, soprattutto dal punto di vista psicologico.

Le mie gambe, infatti, erano così allenate che non sentivo alcuna fatica, nemmeno in salita: la stanchezza era più mentale che fisica.

In quegli ultimi giorni di viaggio venni accompagnato da moltissimi camminatori, ma a questo punto del tragitto avevo perso molte delle energie che avevo avuto all'inizio. Tornare a casa mi preoccupava un po': cosa avrei fatto in quel mausoleo pieno di ricordi della mia vita passata? Come sarebbe stata la mia vita una volta tornato da questo viaggio?

Senza aiutare qualcuno la mia vita sembrava non avere alcuno scopo.

Il 18 febbraio, alle 18.30, arrivai davanti al cancello di casa. Non lo vedevo da quasi un anno. Estrassi le chiavi dallo zaino, controllai se c'era posta e salii le scale insieme al mio fedele zaino. Infilai la chiave nella toppa della porta e aprii: ero davvero arrivato.

Per alcuni minuti rimasi in piedi, immobile. Guardavo il divano che spesso mi ero sognato, il tetto, la cucina, e a un certo punto scoppiai a piangere. Ero felice di essere tornato a casa ma allo stesso tempo ero disperato: ero solo.

Mi inginocchiai a terra e, rivolgendomi a Marta, le domandai, per l'ennesima volta: "Ma dove cavolo sei finita?". Dopo qualche secondo mi risposi e pensai: "Ho capito, amore mio. Domani ti vengo a trovare".

La mattina dopo, per la prima volta dopo quasi un anno, rimisi in moto la mia macchina, destinazione Giavera del Montello. Sessanta chilometri: un'ora di macchina, due giorni a piedi.

Raggiunsi il cimitero di Giavera del Montello, posto sulla sommità di una piccola collina.

Arrivai davanti alla tomba di Marta e guardai la sua foto, circondata dai suoi fiori preferiti. La fissai a lungo ricordando gli anni migliori della mia vita insieme a lei.

Tolsi alcuni petali appassiti e diedi un po' d'acqua alle piante. Sperai che le avessero fatto compagnia, in quel luogo senza vita. Mi sedetti sulla sua tomba dandole le spalle e mi sembrò quasi di sentire il suo caldo braccio attorno al collo.

Aspettai che le poche persone presenti nel cimitero se ne andassero e sussurrai: «È da un po' che non ci vediamo, mi sei mancata tanto. Però hai visto? Ce l'abbiamo fatta! Questo viaggio ti sarebbe piaciuto: ho conosciuto tanti nuovi amici con cui saresti andata sicuramente d'accordo! Mi dicevi sempre che dovevo credere in me stesso, e che così facendo tutto sarebbe andato per il meglio. Be', avevi ragione tu, anche se poche volte te l'ho detto. Scusa. Ma ora cosa faccio senza di te? Me lo spieghi?».

Mi alzai dal marmo gelido sotto al quale, due metri sottoterra, riposava il mio più grande amore.

Riguardai la foto che la ritraeva sorridente e la ringraziai: da solo non sarei mai riuscito a compiere un'impresa del genere.

Mondadori Libri S.p.A.

Questo volume è stato stampato
presso ELCOGRAF S.p.A.
Stabilimento - Cles (TN)

Stampato in Italia - Printed in Italy